Arbeitsgruppe „Gewalt und Alter"
der Schweizerischen Gesellschaft für Gerontologie

Fallgeschichten Gewalt
Anfänge erkennen – Alternativen entwickeln

FALLGESCHICHTEN
GEWALT
ANFÄNGE ERKENNEN
ALTERNATIVEN ENTWICKELN

Barbara Hiss
Franz Rufer
Ursula Ruthemann
Regula Schmitt
Hans-Dieter Schneider
Brigitte Schüpbach
Isolde Wattendorf

Vincentz Verlag

Die Deutsche Bibliothek – CIP Einheitsaufnahme

Fallgeschichten Gewalt : Anfänge erkennen, Alternativen entwickeln / Barbara Hiss .... –
Hannover : Vincentz, 2000
(Pflege)
ISBN 3-87870-616-2

Gestaltung: Christoph Nawrotzki, Hannover
Druck: AALEXX GmbH, Burgwedel

ISBN 3-87870-616-2

Inhalt

1. Teil

2. Teil

3. Teil

Einleitung

Der vorliegende Text ist das Produkt einer Arbeitsgruppe der Schweizerischen Gesellschaft für Gerontologie. Die Mitglieder der Arbeitsgruppe – Medizinerinnen, Pflegerinnen und Pfleger, Angehörige von Hochschulen und Privatpersonen – blieben nicht gleichgültig gegenüber der Tatsache, dass sich in Familien und Institutionen, in denen alte Menschen leben, immer wieder Gewalt ereignet. Sie wollen durch eine Sammlung von Fallgeschichten Spielarten solcher Gewalt in öffentlichen Einrichtungen beschreiben und durch Erläuterungen, wie es zu diesen Gewaltsituationen kam, Verständnis für Gewalt im Alter wecken. Sie wollen aber auch auf Möglichkeiten aufmerksam machen, wie jede Person zur Verstärkung, zur Stabilisierung oder zur Verminderung dieser Gewalt beitragen kann.

Ursachen und Folgen von Gewalt in öffentlichen Einrichtungen für alte Menschen und in Familien sollten eigentlich von allen verstanden werden, die im familiären Kreis, im Beruf und in einer politischen Funktion tagtäglich mit älteren Menschen umgehen. Sie sollten aber auch in Überlegungen einbezogen werden, wenn privat oder öffentlich Entscheidungen getroffen werden. Für Personen, die beruflich und privat, im direkten Handeln als Akteure und als Betroffene wie auch im Entscheiden aus größerer Distanz das Leben älterer Menschen beeinflussen und von ihnen beeinflusst werden, ist dieser Text geschrieben.

Die Mitglieder der Arbeitsgruppe wünschen sich, dass die Leserinnen und Leser sensibilisiert werden für die Vielfalt der Gewaltformen. Wer den Text gelesen hat, sollte die manchmal harmlos erscheinenden Anfänge einer Entwicklung erkennen, die zu einer sich ständig steigernden Folge von Gewalt führen. In jedem Stadium ist eine Korrektur des Verlaufs möglich. Frühe Korrekturen verhindern oder vermindern nicht nur einen Teil der Gewalt, sondern sie greifen auch rascher, als wenn Gewaltstrukturen in den beteiligten Personen und in den Beziehungen verfestigt sind.

Zum Thema sind schon viele Texte geschrieben worden. Das Besondere an der vorliegenden Broschüre ist, dass Einsichten in die Mechanismen von Gewalt zum größeren Teil über Fallgeschichten vermittelt werden. Dadurch können sich die Leserinnen und Leser mit eigenen ähnlichen Erfahrungen in den Geschichten wiederfinden und aus diesem Zugang heraus allgemeinere Überlegungen einfacher nachvollziehen und auf den eigenen Lebensbereich übertragen. Die Fallgeschichten sind überwiegend zusammengesetzt aus realen Ereignissen, seltener auch aus realitätsnahen Erfindungen. Sie decken keineswegs die gesamte Spannbreite des Phänomens „Gewalt und Alter" ab, aber sie schildern typische und häufige Abläufe, Konflikte und Mechanismen der Gewalt. An Hand jeder Fallgeschichte wird mindestens ein theoretischer Aspekt erläutert. Die Broschüre ist somit orientiert am „problemorientierten Lernen". Dieses Lernen erleichtert es, komplexere theoretische Zusammenhänge zu verstehen und die gewonnenen Einsichten in einem Berufsfeld anzuwenden (GRÄSEL, 1997). Es sind bewusst nicht gravierende und außergewöhnliche Fälle von Gewalt gewählt worden, denn gerade die fast alltäglichen subtilen Bedingungen setzen oft eine Gewaltspirale in Gang, der in einer frühen Phase leichter Einhalt geboten werden kann.

Der den Fallgeschichten vorangestellte erste Teil und der abschließende dritte Teil erläutern Grundsätzliches wie Begriffe, Denkmodelle, Forschungsergebnisse und Strategien, die das Verständnis der Fallgeschichten und vieler anderer Situationen, in denen Gewalt entstehen kann, erleichtern können.

Die an Grundsätzlichem besonders interessierten Leserinnen und Leser können daher zunächst den ersten und den dritten Teil lesen, um eine Einführung in das Forschungsgebiet der Gewalt und der alten Menschen als Täter und als Opfer zu erhalten. Mit den Fallgeschichten, deren wichtigsten theoretischen Inhalte in den Untertiteln erwähnt sind, erschließen sich weitere Inhalte zur Theorie. Daher eignet sich der Text auch gut als Hilfsmittel für Fortbildungen und im Unterricht zum Thema der Gewalt im Alter.

Die mehr praktisch interessierten Leserinnen und Leser werden dagegen von den Fallgeschichten ausgehen und sich bei Verständnisproblemen Erläuterungen zu theoretischen Zusammenhängen aus dem ersten und dem dritten Teil holen. Die Lektüre des gesamten Textes soll schließlich sowohl zu einem fundierten Verständnis von „Gewalt und Alter" führen als auch die Theorien mit konkreten Gewaltsituationen im Alltag verknüpfen.

Die geschilderten Situationen des Umgangs mit Heimbewohnerinnen unterliegen in einigen Ländern zum Teil detaillierten rechtlichen Bestimmungen. Die Autorinnen, Autoren und der Verlag machen darauf aufmerksam und bitten darum, die in den jeweiligen Ländern anzuwendenden Gesetze und Verordnungen in jedem Fall zu beachten und einzuhalten.

Die Autoren

Hinweis:
Um Modebezeichnungen und beschönigende Begriffe für Menschen im höheren Alter zu vermeiden, wird in diesem Text durchgängig der Begriff der „Alten" in einer neutralen Bedeutung verwendet.
Aus Gründen der besseren Lesbarkeit wird im weiteren Text mehrheitlich die weibliche Form verwendet, weil auch die Mehrzahl der betreuten und betreuenden Personen Frauen sind. Wenn die männliche Form benutzt wird, soll deutlich werden, dass eher Männer in der beschriebenen Weise handeln.

1. Teil

Die Bedeutung von Gewalt im Alter

 Wie zeigt sich Gewalt in öffentlichen Einrichtungen und im privaten Umfeld?

Das Leben im Alter ist oft durch viel Verständnis, Zuneigung und Liebe geprägt. Das wissen wir nicht nur aus dem Kreis unserer Bekannten, in dem ältere Ehepartner ein Leben gegenseitiger Zuneigung und Achtung führen und sich gegenseitig Freude vermitteln, Unterstützung bieten und für das Wohl des anderen Opfer bringen. Wir kennen auch viele Familien, in denen die Jungen und die Alten sich gegenseitig unterstützen, fördern und Zeichen der Liebe und der Wertschätzung austauschen.

In Geriatriespitälern und in Alten- und Pflegeeinrichtungen setzen sich Tausende von Krankenschwestern und Krankenpflegern, von Psychiatriepflegerinnen und Psychiatriepflegern, von Ärztinnen und Ärzten, von Altenpflegerinnen und Altenpflegern, von ehrenamtlichen Helferinnen und Helfern und von Angehörigen weiterer Berufe wie Köche, Hauswarte, Putzdienste, Heimleiter Tag für Tag und Nacht für Nacht dafür ein, dass die Patientinnen und Patienten bzw. die Bewohnerinnen und Bewohner nicht nur sauber gehalten und mit dem Nötigsten versorgt werden, sondern sie wenden sich diesen Alten auch liebevoll zu und lassen sie spüren, wie sehr sie sie schätzen und würdigen. Die alten Patientinnen und Bewohnerinnen ihrerseits zeigen untereinander und gegenüber den Pflegerinnen Freundlichkeit, Fürsorglichkeit und Menschlichkeit. Für diese Häufigkeit prosozialen Verhaltens in Alters- und Pflegeheimen liegen auch empirische Nachweise vor (z. B. SCHNEIDER & SIGG, 1990).

Die gesamte Gesellschaft ist bereit, für ihre alten Mitglieder hohe Kosten aufzuwenden, um von den wirtschaftlichen und gesundheitlichen Bedingungen her ein Leben in Würde und ein Leben ohne Not zu ermöglichen. Wenn auch in wirtschaftlich angespannten Zeiten die kritischen Stimmen über „Alterslastquoten", über die hohen und in Zukunft weiter steigenden Sozial- und Gesundheitskosten zunehmen, so ist der „Generationenvertrag" nicht wirklich in Frage gestellt. Selbst in den zwei Jahrzehnten von 2015 bis 2035, in denen die Hochbetagten einen ungewohnt hohen Anteil an der Bevölkerung stellen werden, können diese Personen mit Unterstützung, Verständnis und Zuwendung rechnen.

Diese vielen Beispiele positiver Beziehungen zwischen alten Menschen und zwischen Alten und Jungen im privaten Rahmen und in öffentlichen Einrichtungen entsprechen jedoch nicht der ganzen Wirklichkeit. Die Beziehungen können auch dauerhaft oder gelegentlich von Gewalt gekennzeichnet sein. So werden in Veröffentlichungen von EASTMAN (1985), DIESSENBACHER (1988), GROND (1989), DECALMER & GLENDENNING (1993), KOSBERG (1983) und vielen anderen sehr viele Beispiele beschrieben, wie ein älterer Ehepartner das Leben des anderen oder wie beide sich durch gelegentliche oder dauernde Gewalt das Leben zur Hölle machen. Männer sperren ihre Ehefrau „zur Strafe" nachts nur mit einem Nachthemd bekleidet auf den Balkon, sie schlagen sie, sie demütigen sie; Ehefrauen erniedrigen ihre Männer verbal; die Kindergeneration vernachlässigt ihre altgewordenen Eltern; der Umgang von Altenpflegerinnen mit ihren Schutzbefohlenen kann – zum Glück sehr selten – in Befehlen, Drohen, Schimpfen und Nichtberücksichtigung individueller Wünsche bestehen; die Bewohnerinnen von Alteneinrichtungen können sich gegenseitig und den Pflegenden das Leben schwer machen.

Es gibt immer wieder und in allen Lebensbereichen Gewalt, in die ältere und alte Menschen verwickelt sind. Die Abbildung 1 zeigt einige Beispiele. Wir sehen daraus, dass Gewalt im Alter sehr vieles bedeuten kann. Sie kann von alten Menschen ausgehen, sie kann sich gegen alte Menschen richten. Sie kann von allen anderen Personengruppen, die mit Alten in Kontakt stehen, ihren Ursprung nehmen und damit Menschen jeden Alters schädigen.

▶ Abbildung 1:
Der Gewaltkreis auf Grund von Rollenerwartungen

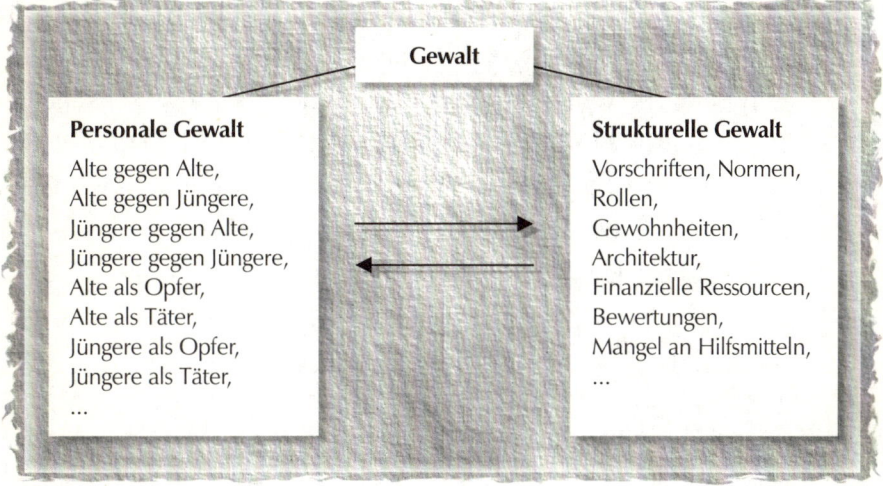

Die Abbildung zeigt auch, dass Gewalt an Personen gebunden sein oder ohne Personen geschehen kann. Sie liegt dann als „strukturelle Gewalt" in den sozialen und materiellen Lebensbedingungen begründet, die wir oft als gegeben und als unveränderlich hinnehmen.

Zum Teil wird diese Gewalt von den Medien marktschreierisch präsentiert; zum Teil wird sie übersehen oder verschwiegen. Man hat sogar manchmal den Eindruck, dass Gewalt gegen Alte an ein Tabu rührt und deshalb in der Öffentlichkeit weniger als nötig behandelt wird. Damit die Benutzerinnen und Benutzer dieses Textes eine Vorstellung von der

Breite der Gewalt gegen Alte und von der Gewalt von Alten entwickeln, soll zuerst geklärt werden, was überhaupt unter dem Begriff der Gewalt zu verstehen ist.

 ## Was ist Gewalt?

Die Begriffe „Gewalt" und „Aggression" bezeichnen sehr Ähnliches. Unter Aggression wird die absichtliche Verletzung oder Schädigung eines Lebewesens, das diese Schädigung vermeiden möchte, verstanden (z. B. BARON & RICHARDSON, 1994) oder die Abgabe schädlicher Reize von einer Person gegenüber einer anderen, wobei eine Schädigungsabsicht besteht (z. B. GEEN, 1990). Obwohl über die Schädigungsabsicht der Aggression unter den Sozialwissenschaftlern eine ziemlich große Einigkeit herrscht, wird vor allem von tiefenpsychologischer Seite die Ansicht vertreten, Aggression habe auch positive Elemente, weil es sich um ein aktives, Probleme lösendes Verhalten handle. Hier kann es sich jedoch auch um eine unnötige Ausweitung des Aggressionsbegriffs handeln (SELG, MEES & BERG, 1997). Generell hat sich die negative Sicht der Aggression durchgesetzt.

Es gibt zahlreiche Spielarten der Aggression, z. B. die absichtliche und unabsichtliche, die feindselige, die instrumentelle, die genetisch bedingte, instinktive, die erlernte, die spontane, die reaktive, die emotionale und die rationale Aggression. Begriffe, die kaum einer weiteren Erläuterung bedürfen.

Wenn Gewalt definiert werden soll, gibt es eine Gruppe von Autoren, die Gewalt sehr ähnlich umschreiben wie die Aggression. So haben GELLES & STRAUS (1979; zitiert nach GELLES, 1987, 32) Gewalt definiert als „eine Handlung, die mit der Absicht oder der wahrgenommenen Absicht ausgeführt wird, eine andere Person physisch zu verletzen".

ARCHER (1994, 2) klagt daher: „In vielen Fällen wurden die beiden Begriffe verschmolzen". Bei Gewalt stehe jedoch die Schädigung im Vordergrund, so dass er abschließend bemerkt: „Der erste (der Begriff der Aggression) konzentriert sich auf die Handlung und der zweite (der Begriff der Gewalt) auf die Folgen".

Solche Überlegungen finden sich auch bei KLIE (1994, 236), der Gewalt definiert „als eine systematische, nicht einmalige Handlung oder Unterlassung mit dem Ergebnis einer ausgeprägten negativen Einwirkung auf die Befindlichkeit des Adressaten". Auch hier stehen also die deutlichen und negativen Folgen im Zentrum.

Wenn KLIE in einem nächsten Schritt Arten der Gewalt aufzählt, so orientiert er sich an Klassifikationen, wie sie international üblich sind (z. B. DIECK, 1987, KING, 1985, NIEDERFRANKE & GREVE, 1996). Er beschreibt Formen aktiver Gewalt und passive Gewaltanwendung als Vernachlässigung (neglect), die körperliche und die psychische Misshandlung (abuse oder mistreatment), die finanzielle oder materielle Ausbeutung und die Einschränkung des freien Willens.

Die negativen Folgen der Gewalt sind auch bei einer zweiten Gruppe von Autoren wichtig. Sie konzentrieren sich aber nicht so sehr auf Schmerzen oder Leid, sondern sie stellen Einschränkungen der Entwicklungsmöglichkeiten in den Mittelpunkt. Der bedeutendste Vertreter dieser Gruppe ist GALTUNG, der formuliert: „Gewalt liegt dann vor, wenn Menschen so beeinflusst werden, dass ihre aktuelle somatische und geistige Verwirklichung geringer ist als ihre potentielle Verwirklichung" (1975, 9). Als ein zweiter Autor kann GIL (1978, 14) angeführt werden, der schreibt: „Ich betrachte Gewalt als Handlungen und Bedingungen, welche die spontane Entfaltung des angeborenen menschlichen Potentials, des naturgegebenen menschlichen Triebs nach Entwicklung und Selbstverwirklichung, behindern" (übers. von H.-D. S.).

Aus dieser Sicht liegt also Gewalt vor, wenn Menschen sich nicht so entwickeln können, wie das nach ihren körperlichen, geistigen, emotionalen und weiteren Anlagen eigentlich möglich wäre.

Um die Vielfalt der Gewalt deutlich zu machen, unterscheidet auch GALTUNG (1975) mehrere Arten: körperliche und psychische Gewalt, negative und positive Einflussnahme, Gewalt, welche Objekte verletzt oder zerstört, und Gewalt, welche die Objekte nicht verletzt (z. B. durch Drohung), personale, direkte, und strukturelle, indirekte Gewalt, beabsichtigte und unbeabsichtigte Gewalt, manifeste und latente (also nicht sichtbare) Gewalt.

Die Arbeitsgruppe „Gewalt und Alter"der Schweizerischen Gesellschaft für Gerontologie hat als eine andere Definition der Gewalt eine Schädigung vorgeschlagen, die zumindest einem der Akteure auffällt. Damit entscheidet der Erregungsgehalt des Schädigungserlebnisses darüber, ob von Gewalt gesprochen werden kann. Ob eine Schädigung auffällt, hängt aus dieser Sicht aber neben der Intensität der Schädigung zusätzlich von den kulturellen Bewertungen und von der individuellen Sensibilisierung gegenüber eigenem oder fremdem Leid ab.

Dieser kurze Überblick darüber, wie Aggression und Gewalt von verschiedenen Personen umschrieben werden, sollte deutlich machen, dass Gewalt mit einer in der Regel größeren Schädigung einer Person verbunden ist. Diese Schädigung kann verursacht werden durch (absichtliche oder unabsichtliche) Handlungen von einer Person oder von mehreren Personen, aber auch durch soziale Strukturen (z. B. hierarchische Unterschiede oder durch Vorschriften, die einigen Personen den Zugang zu Ressourcen vorenthalten) und durch materielle Bedingungen, so dass die Schädigung fast als naturgegeben und nicht als durch Menschen verursacht erscheint.

Wer überlegen will, wie Gewalt vermindert werden könnte, muss daher auf Personen und auf soziale und materielle Strukturen achten.

Wenn es gelingt, Bedingungen, die Gewalt begünstigen, zu vermindern, wird weniger Leid auf beiden Seiten einer Beziehung herrschen. Es dürfte sich deshalb lohnen, wenn wir uns genauer mit dem Thema der Gewalt beschäftigen. Wir können dann konkrete Situationen so gestalten, dass Gewalt gar nicht entsteht. Wir werden in den nächsten Kapiteln daher einige Situationen schildern, in denen es zu Gewalt kam. Dabei wollen wir für diese Beispiele auch aufzeigen, aus welchen Bedingungen diese Gewalt entstehen konnte, aber auch, wie diese Gewalt verhindert und wie wieder aus ihr herausgefunden werden könnte.

 ## Zielsetzung und Aufbau dieses Textes

Im Folgenden werden einige Geschichten erzählt. In ihrem ersten Teil sind es wahre Begebenheiten, oder sie sind aus Erfahrungen zusammengesetzt, die Mitglieder des Autorenteams sammeln konnten. Zur Anonymisierung sind in jedem Fall die Namen verändert.

Die Titel geben ein wichtiges Stichwort aus dem Hergang der Geschichte wider. Die Untertitel enthalten einen Hinweis zur theoretischen Perspektive, die in den Erläuterungen dargestellt wird. Damit können sich die Leserinnen und Leser bei der Auswahl und der Reihenfolge ihrer Lektüre je nach ihrem theoretischen Interesse orientieren.

Im zweiten Teil der Geschichten wird erzählt, wie es weiterging. Spätestens dort hätte noch eine Kurskorrektur erfolgen können. Für jede Geschichte werden dann weitere mögliche Fortführungen vorgestellt, die sich praktisch bewährt haben und die weniger gewaltträchtig sind. Damit werden Modelle präsentiert, wie die Personen der Geschichten sich anders hätten verhalten können und sollen, um eine Eskalation der Gewalt zu verhindern. Diese Weiterführungen sind nicht die einzige Möglichkeit zur Reduktion von Gewalt. Sie sollen jedoch anregen, weiterzudenken: wie könnte es sonst noch weitergehen?

Jede Geschichte enthält auch Erläuterungen, die für das Verständnis der Entwicklung der Gewalt wichtig sein können. Damit werden die Leserinnen und Leser zu Gedanken geleitet, die ihnen bei der Suche nach Lösungsalternativen helfen können.

2. Teil

Situationen, in denen es zu Gewalt kam

 ## Schwelbrände:
Gewalt als Ergebnis von Rollenerwartungen

Frau Schweiger ist 82 Jahre alt und lebt seit rund drei Jahren im Altenheim. Sie musste ihre Wohnung aufgeben, weil sie in der letzten Zeit zu Hause immer wieder gestürzt war und sie und ihre Kinder befürchteten, sie könnte eines Tages ohne Hilfe längere Zeit am Boden liegen bleiben.

Ihr um einige Jahre älterer Ehemann ist bereits vor 16 Jahren an einem Karzinom gestorben. In der letzten Zeit seines Leidens hat ihn Frau Schweiger zu Hause gepflegt, obwohl die Aufgabe fast über ihre Kräfte ging. Besonders ihre anhaltenden Rückenschmerzen machten ihr damals sehr zu schaffen. Den Tod ihres Ehemannes konnte sie äußerlich sehr gefasst aufnehmen. Allerdings verbesserten sich in der Folge ihre Rückenschmerzen kaum, so dass sie mehr denn je auf Schmerzmittel angewiesen war. Zu ihrer Zufriedenheit unterstützte der Hausarzt sie dabei. Leider entfremdeten sich ihre Kinder etwas von ihr, vor allem die Tochter, die selber weit entfernt in einer sozial sehr angespannten Situation lebt. Die Kontakte zu ihr wurden zum Bedauern von Frau Schweiger sehr spärlich. So versprach sie sich durch den Übertritt ins Altenheim eine große Entlastung. Sie freute sich auf die Möglichkeit, Kontakte mit ehemaligen Nachbarn zu pflegen, die schon vor ihr ins Heim eingetreten waren.

Zu ihrer großen Bestürzung verschlimmerte sich aber ihr Rückenleiden unmittelbar nach dem Eintritt ins Altenheim massiv. Dazu stellten sich Schlafstörungen ein, was ihr vorher völlig fremd gewesen war. Das betreuende Team zeigte sich sehr interessiert an ihrer Lebensgeschichte. Vor allem Schwester Norma fand die neue Bewohnerin sehr sympathisch und versuchte, sie tatkräftig zu unterstützen. Sie zeigte sich sehr betroffen von der Leidensgeschichte, die Frau Schweiger ausgestanden hatte, als sie ihren kranken Ehemann pflegte. Wenn immer der Pflichtenplan von Schwester Norma es erlaubte, saß sie im Zimmer der Bewohnerin und sprach mit ihr.

Um die Schmerzen zu lindern, bot ihr Schwester Norma regelmäßig Schmerzmittel an, die jedoch nur eine unbefriedigende Entlastung brachten. Auch Schlafmittel zeigten nicht den gewünschten Erfolg. Schwester Norma setzte sich darauf beim betreuenden Hausarzt dafür ein, dass er stärkere Mittel verschrieb und dass die Dosierung gesteigert wurde. Da Frau Schweiger immer öfter über Schmerzen klagte, versuchte Schwester Norma, sie so weit wie möglich zu entlasten. So kam sie schon morgens früh zu ihr und half beim Aufstehen; sie wusch sie und zog ihr die gewünschten Kleider an, damit Frau Schweiger während dieser Prozedur so lange wie möglich sitzen bleiben konnte.

In dieser Zeit wurde Frau Schweigers Gang immer unsicherer, so dass sie immer häufiger ihr Zimmer kaum noch verließ. Sie langweilte sich dort oft und steigerte ihren Nikotinkonsum beträchtlich, weil sie zur Abwechslung immer wieder eine Zigarette anzuzünden pflegte. In dieser Phase stürzte Frau Schweiger auch immer öfter. Um ihr Abwechslung zu bieten, packte Schwester Norma sie ab und zu in den Rollstuhl und ging mit ihr spazieren. Dennoch klagte Frau Schweiger immer mehr über Schmerzen. Sie war häufig völlig verzweifelt, so dass Schwester Norma nichts anderes übrig blieb, als zu ihrer privaten Schmerzmittelreserve zu greifen.

Als die wohlverdienten Ferien der Schwester Norma näherrückten, fürchtete sich Frau Schweiger vor der bevorstehenden Abwesenheit ihrer Lieblingsschwester. Sie weinte einige Male bei der Vorstellung, demnächst viel häufiger allein sein zu müssen. Auch befürchtete sie, dass die anderen Pflegerinnen ihr weniger Schmerzmittel anbieten würden. Kurz vor der Abreise in den Urlaub brachte deshalb Schwester Norma heimlich einige Tabletten aus ihrer Medikamentenreserve, damit sich Frau Schweiger während ihrer Abwesenheit selbst Erleichterung verschaffen könne. Frau Schweiger war darüber ganz gerührt und bestätigte Schwester Norma immer wieder, wie gut sie für sie sorge.

In der Urlaubszeit wurde Frau Schweiger von Pfleger Othmar versorgt. Sie beklagte sich aber bald über seine Art und seinen Pflegestil. Nichts konnte er ihr recht machen. Er versuchte sie in ihrer Selbständigkeit zu fördern, er gab Hilfe zur Selbsthilfe und absolvierte mit ihr ein Gehtraining. Frau Schweiger beschwerte sich darüber, dass sie so viel allein machen müsste, und hielt ihm immer wieder vor, wie schön Schwester Norma sie versorgt hatte. Insbesondere klagte sie, dass Pfleger Othmar ihr nicht beliebig viele Medikamente verabreiche, sondern versuche, sie mit Einreiben, Physiotherapie und Massage abzufertigen. Auch mit seinem Vorschlag, vermehrt aktiv zu sein, das Zimmer zu verlassen und sich unter die Mitbewohner zu mischen, konnte sie überhaupt nichts anfangen. Er sei grausam und habe kein Verständnis dafür, wie viel sie unter ihren Schmerzen leide.

Schließlich weigerte sich Frau Schweiger, morgens aufzustehen. In ihrer Not griff sie zu den Reservemedikamenten, die ihr Schwester Norma noch zugesteckt hatte. Sie schluckte mehrere der Tabletten auf einmal. Die hohe Dosierung bewirkte, dass Frau Schweiger beim Rauchen einschlief und im Bett gefunden wurde, schlafend unter der teilweise schon glimmenden Bettdecke. Zum Glück wurde der Schwelbrand rasch entdeckt. Er konnte gelöscht werden, und Frau Schweiger zog sich keine Brandverletzungen zu.

▶▶ Wie diese Geschichte weiterging

Nach diesen Ereignissen beurteilte die Heimleitung das Risiko, das Frau Schweiger darstellte, als nicht mehr tragbar. Sie befürchtete, bei einer Wiederholung könnte ein erneuter Brand unter Umständen weniger rasch entdeckt werden. Deshalb seien alle Bewohnerinnen gefährdet. Aus diesem Grunde wurde Frau Schweiger gekündigt.

▶▶ Wie es auch weitergehen könnte

Wegen der Gefährdung des Lebens der anderen Bewohnerinnen durch das Risiko eines Brandes schätzte die Heimleitung die Situation zu Recht als untragbar ein. Sie beschloss, den gesamten Problemkreis in einem größeren Rahmen unter Zuzug von externen Beratern zu erörtern und von verschiedenen Seiten zu beleuchten. Dabei wurde klar, dass Frau Schweiger in den Jahren, seit sie unter chronischen Schmerzen litt, eine Suchtkrankheit nach Schmerzmitteln entwickelt hatte. Bereits ihr Einzug ins Altenheim kam zustande, weil Frau Schweiger aufgrund ihres hohen Medikamentenkonsums immer wieder gestürzt war.

Allen Beteiligten war klar, dass der ganze Problemkreis nur verschoben und vielleicht sogar verschlimmert würde, wenn man Frau Schweiger wegweisen würde. Daher entschied sich das Leitungsteam auch nach Einbezug von Schwester Norma, Frau Schweiger vorläufig nicht zu kündigen, dafür aber den Umgang mit ihr zu überdenken.

Frau Schweiger wurde vor Umsetzung der beschlossenen Maßnahmen darüber informiert, dass man einen neuen Weg suche, wie sie – Frau Schweiger – und das Heimteam mit den Problemen besser umgehen könnten. Die Schmerz- und Schlafmittelmedikation wurde revidiert. Klare Richtlinien bezüglich Dosierung und Art der Medikamente sollten die Abgabe regeln. Gleichzeitig förderten alle Teammitglieder die Selbständigkeit der Bewohnerin, so dass sie ihr Rückzugsverhalten aufgeben und wieder vermehrt Kontakte pflegen konnte. Auch die schwierige Beziehung zur Tochter sollte thematisiert werden, wobei man versuchen wollte, die Tochter zu Gesprächen einzuladen. Das Pflegeteam setzte sich in der Folge regelmäßig zusammen, entwickelte gemeinsam pflegerische Richtlinien und beriet über den Umgang mit Frau Schweiger. Dadurch wurde eine Spaltung im Team (vor allem zwischen Anhängern von Schwester Norma und Pfleger Othmar) verhindert.

▶▶ Eine weitere Fortführung der Geschichte

Gemeinsam mit dem Betreuungsteam beschloss die Heimleitung, dass Frau Schweiger künftig nur noch im Aufenthaltsraum rauchen dürfe. Sie musste Feuerzeug und Zigaretten im Stationsbüro deponieren. Wenn sie rauchen wollte, musste sie ihr Zimmer verlassen, um die Rauchutensilien aus dem Büro zu holen. Rauchen konnte sie dann in Gesellschaft anderer Bewohnerinnen im Aufenthaltsraum, wo in der Regel auch eine Pflegerin anwesend war. Rasch realisierte Frau Schweiger dabei, dass sie beim Rauchen mit den anderen Bewohnerinnen unterhaltsame Gespräche führen konnte und dass sie dann viel weniger auf ihre Schmerzen achtete. In der Folge verlangte sie deutlich weniger Schmerzmittel.

▶▶ Noch eine weitere Entwicklung

Gemeinsam mit dem Betreuungsteam beschloss die Heimleitung, dass Frau Schweiger künftig nur noch im Aufenthaltsraum rauchen dürfe. Sie musste Feuerzeug und Zigaretten im Stationsbüro deponieren. Wenn sie rauchen wollte, musste sie ihr Zimmer verlassen, um die Rauchutensilien aus dem Büro zu holen. Rauchen konnte sie dann in Gesellschaft anderer Bewohnerinnen im Aufenthaltsraum, wo in der Regel auch eine Pflegerin anwesend war. Frau Schweiger konnte diese Veränderung nicht akzeptieren. Sie ließ sich von Besuchern immer wieder Zigaretten und Feuerzeug mitbringen, die sie in ihrem Zimmer versteckte, um dann weiterhin im Zimmer zu rauchen. Wurde der Rauch vom Personal im Zimmer bemerkt, kam es immer wieder zu Vorwürfen. Frau Schweiger zeigte weiterhin keine Einsicht. Sie beklagte sich vielmehr über die schlechte Behandlung.

Schließlich lud die Heimleitung die häufigsten Besucher, Frau Schweiger und Schwester Norma als pflegerische Bezugsperson zu einem Gespräch ein und erklärte ihr Vorgehen. Die Besucher konnten das Anliegen verstehen und sprachen Frau Schweiger zu, sich doch einmal den Aufenthaltsraum genauer anzusehen. Bei ihren nächsten Besuchen gingen sie mit Frau Schweiger in den Aufenthaltsraum und unterhielten sich dort mit ihr, so dass Frau Schweiger sich an die Veränderung gewöhnen konnte.

 ### *Erläuterung*

Bei Frau Schweiger müssen wir einen sich selbst verstärkenden Prozess feststellen, der durch eine zu große Hilfsbereitschaft anstelle einer Bereitschaft zur Förderung durch Fordern entstanden ist.

Schwester Norma und Frau Schweiger agieren als Inhaberinnen von Rollen, der Rolle der unterstützungsbedürftigen und unselbständigen Bewohnerin und der Rolle der hilfsbereiten Pflegerin. Die Pflegerin sieht es als ihre Aufgabe an, der Bewohnerin ein angenehmes Leben zu ermöglichen mit wenig Anstrengungen und mit wenig Schmerzen. Sie möchte stets entgegenkommend, hilfsbereit, respektvoll, gewährend, dienend, verwöhnend sein gegenüber der wesentlich älteren mütterlichen Bewohnerin. Diese Rolle gipfelt in dem sehr fragwürdigen Akt der unkorrekten und heimlichen Medikamentenabgabe, wozu Schwester Norma sich wohl auch deshalb verleiten ließ, weil sie die Bewohnerin – wenn auch nur vorübergehend – verlassen musste. Frau Schweiger ihrerseits erwartet von dem Pflegepersonal Unterstützung und Entlastung. Durch die sehr gut gemeinte und intensive Betreuung der Schwester Norma wird Frau Schweiger aber weiter in die Unselbständigkeit und in die Rolle einer kranken, medikamentenbedürftigen Person geführt. Hier wird völlig unbeabsichtigt Gewalt praktiziert, denn eine Unabhängigkeit und Selbstverantwortung fördernde, die Restleistungen trainierende und Lebensfreude vermittelnde Pflege könnte auch in solchen schwierigen Situationen den Zustand einer Bewohnerin in Richtung auf mehr Gesundheit und Leistungsfähigkeit verändern.

▶ Abbildung 2:
Der Gewaltkreis auf Grund von Rollenerwartungen

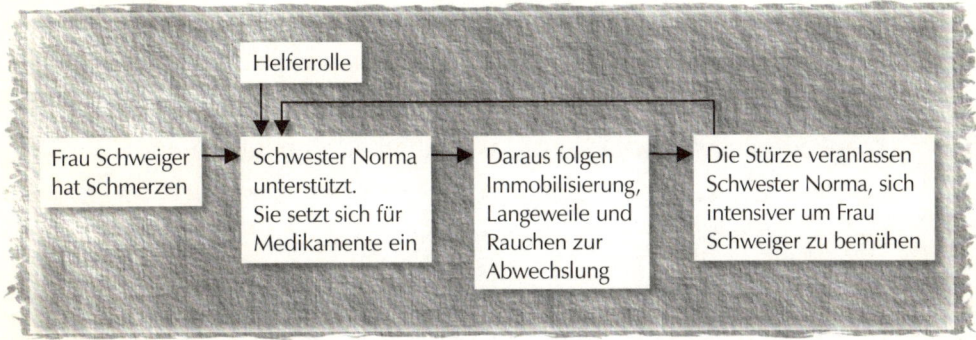

Wie die Abbildung 2 illustriert, ist damit ein problematischer Gewaltkreis (der die Entwicklungschancen von Frau Schweiger – aber auch die Freiheit von Schwester Norma – einschränkt) entstanden, aus dem sich die beiden Akteurinnen kaum noch zurückziehen können. Es bedarf besonderer Umstände, um die beiden Personen herauszuholen, Umstände, die auch als Gewalt interpretiert werden können.

So sonderbar es auch klingen mag: die verwöhnende Haltung der Schwester Norma kann als gewalttätiges Handeln gesehen werden, weil Frau Schweiger dadurch in ihren Möglichkeiten stark eingeschränkt wird. Sie verliert an Beweglichkeit, an Selbstwertgefühl, und sie wird zunehmend abhängig von der so fürsorglichen Schwester Norma. Das wiederum stützt die Position der Schwester in der gegenseitigen Beziehung. Die „gute" Schwester fördert die Abhängigkeit der Bewohnerin nicht nur über den Medikamentenkonsum, sondern auch durch ihr intensiv betreuendes Pflegeverhalten. Schließlich endet die Geschichte mit dem Schwelbrand in einer Gefährdung von Leib und Leben vieler Menschen.

Auch Pfleger Othmar verhält sich entsprechend einer Rolle und zwar der Rolle, die er in der Ausbildung gelernt hat. Er sieht es als seine Aufgabe an, zu fördern durch fordern, und Medikamente nur äußerst sparsam einzusetzen. Allerdings hatte er es versäumt, seine von ihm selbst wahrgenommene Rolle (die Selbstrolle) und die ihm von Frau Schweiger zugeschriebene Rolle (die Fremdrolle) aufeinander abzustimmen. Die ungewohnte Pflege wird von Frau Schweiger als Gewalt erlebt. Sie fühlt sich lieblos behandelt, klagt und zieht sich noch stärker in ihre Krankenrolle zurück. Die aus Unachtsamkeit eingenommene Überdosis Schmerzmittel führt schließlich zum Schwelbrand, der als (unbeabsichtigte) Gewalt gegen alle betrachtet werden kann (Abb. 3).

▶ Abbildung 3:
Neue Rollenerwartungen durch Pfleger Othmar

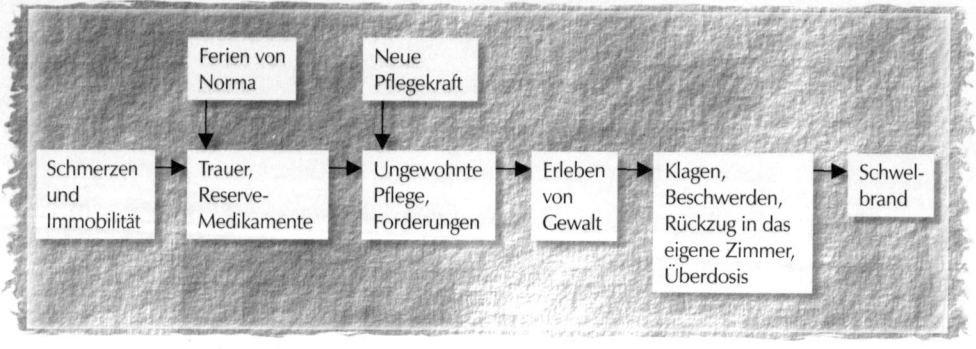

Es ist offensichtlich, dass die durch die Heimleitung ausgesprochene Kündigung von Frau Schweiger wiederum einen Akt der Gewalt darstellt, einen Akt, der aus dem Rollenverständnis, für die Sicherheit aller Bewohnerinnen sorgen zu müssen, herrührt.

Die dann gewählte Lösung betrifft eine Neudefinition aller beteiligten Rollen unter Einbezug aller Betroffenen: Die Notwendigkeit der Förderung von Selbständigkeit, die Einbindung des individuellen Lebens in die Gemeinschaft, die Abgabe von Schmerzmitteln und sogar die Beziehung zu den Angehörigen wurden diskutiert und geklärt.

Dagegen können gutgemeinte aber ungenügend mit den Betroffen abgesprochene Befehle zu Frustrationen und damit zu weiteren negativen Entwicklungen führen.

Rollen, d. h. Erwartungen von anderen Personen oder von den Betroffenen selbst an die Inhaber einer Position, können also zu einem Verhalten führen, das als Gewalt die Entwicklungsmöglichkeiten der Bewohnerinnen beeinträchtigt. Im Rahmen der Ausbildung und der lebenslangen Fortbildung kommt es deshalb darauf an, solche entwicklungshinderlichen Erwartungen zu korrigieren. Dabei können Supervision und regelmäßige Fallbesprechungen in Teamsitzungen helfen, ein vermeintlich prosoziales Verhalten zu verlernen.

Gewalt kann also in manchen Situationen durch Überprüfung von Rollenerwartungen vermindert werden. Ob ein bestimmtes Verhalten zur positiven Weiterentwicklung oder zur Einschränkung des Lebensraums eines anderen Menschen führt, sollte deshalb nach Möglichkeit durch Supervision, Intervision (Gespräche im Team über die eigene Arbeit), Erfahrungsaustauschgruppen und/oder Evaluation (Messung der Wirkungen) der eigenen Arbeit immer wieder kontrolliert werden.

Liebe ist die beste Medizin:
Gewalt als Ergebnis gesellschaftlicher Normen

Herr Dittmer verlor im Alter von 76 Jahren plötzlich seine Ehefrau durch einen Herzinfarkt. In der Folge wurde rasch klar, dass er umfassend auf Betreuung und Pflege angewiesen ist, weil er schon seit einigen Jahren an einer inzwischen weiter fortgeschrittenen Demenz erkrankt war. Er konnte rasch in eine entsprechende Abteilung des örtlichen Altenheimes eintreten. Anfangs wirkte er da völlig verloren, doch dann entdeckte er Frau Ullmann.

Frau Ullmann litt an der gleichen Krankheit wie er und wohnte schon ein halbes Jahr im Heim, denn ihre Betreuung hatte den Ehemann mit der Zeit überfordert, so dass er seine Gattin schließlich schweren Herzens in die Heimpflege gegeben hatte. Dort verursachte sie zwar keine größeren Probleme, sie erschöpfte aber oft die Geduld der Pflegerinnen und Mitbewohnerinnen, z. B. weil sie immer wieder nach der Uhrzeit fragte. Dieses Verhalten zeigte sie nun auch gegenüber Herrn Dittmer. Alle paar Minuten fragte sie ihn, wie spät es sei. Er gab ihr jedes Mal bereitwillig Antwort und lud sie darauf zu einem kleinen Spaziergang ein. Galant bot er ihr den Arm, den sie gerne umfasste, um mit ihm die Länge des Korridors abzuschreiten. Am Ende des Ganges machten sie jeweils rechtsum kehrt, spazierten zurück und setzten sich wieder in ihre eben erst verlassenen Lehnstühle. Diese Prozedur wiederholte sich während Stunden alle drei bis vier Minuten, denn beide vergaßen sofort wieder, dass sie eben erst den gleichen Spaziergang gemacht hatten, nachdem sie sich über die Uhrzeit unterhalten hatten.

Auf diese Weise gewöhnten sich die beiden sehr aneinander. Für Betrachter wirkten sie fast wie junge Verliebte. Sie gaben sich andere Vornamen – nicht als Kosenamen, sondern weil sie jeweils den Partner/die Partnerin verkannten und mit früheren eng befreundeten Personen verwechselten. Für Frau Ullmann war Herr Dittmer ihr ehemaliger Geliebter, den sie in jungen Jahren nach einer Periode heftiger Zuneigung verloren hatte. Herr Dittmer fand in Frau Ullmann seine verstorbene Ehefrau wieder. In aller Selbstverständlichkeit verbrachten die beiden den ganzen Tag miteinander. Wenn es Abend wurde, begaben sie sich zusammen in eines ihrer Zimmer, wo sie sich miteinander ins Bett legten. Umschlungen in den Armen des Partners fanden beide rasch den Schlaf. Diese Zärtlichkeit teilten sie fortan jeden Tag. Es gab keine intimeren körperlichen Kontakte, sie legten sich einfach zusammen ins Bett und schliefen in der gegenseitigen Geborgenheit friedlich ein.

▶▶ Wie diese Geschichte weiterging
Eines Tages entdeckte Herr Ullmann das Verhältnis. Wütend lief er zur Heimleiterin und verlangte, dass die beiden sofort auf unterschiedli-

chen Abteilungen untergebracht würden und dass sie sich nicht mehr sehen dürften. Andernfalls würde er seinen Anwalt bemühen.

Die Heimleiterin fügte sich schweren Herzens dieser Forderung.

 ### Wie es auch weitergehen könnte

Eines Tages entdeckte Herr Ullmann das Verhältnis. Wütend lief er zur Heimleiterin und verlangte, dass die beiden sofort auf unterschiedlichen Abteilungen untergebracht würden und dass sie sich nicht mehr sehen dürften. Andernfalls würde er seinen Anwalt bemühen.

Die Heimleitung rief die Hauspsychiaterin zu Hilfe, denn sie wollte nicht die Zufriedenheit und das späte Glück der beiden zerstören. Die Hauspsychiaterin suchte das Gespräch mit dem Ehemann und mit dessen Hausarzt, der ihn seinerzeit ermuntert hatte, Frau Ullmann ins Heim zu geben. Beide erklärten ihm jetzt noch einmal das Wesen der Demenz und dass ihn seine Ehefrau nicht böswillig verlassen hatte, sondern auf dem Weg zurück in ihrer Erinnerung bereits in einer Epoche angekommen war, wo sie ihn noch gar nicht gekannt hatte. Mit der Zeit lernte der Ehemann diese Sichtweise zu akzeptieren. Die Psychiaterin begleitete ihn bei der Verarbeitung seines Schmerzes über die Erkrankung der Ehefrau und bei seiner Trauer um alle Verluste, die schon vor Jahren begonnen hatten. Schließlich konnte er zustimmen, dass seine Frau in der Beziehung zu dem wie sie kranken Partner eine Entsprechung gefunden hatte, die ihr eine beruhigende Geborgenheit vermittelte, eine Geborgenheit, die ihr auch die beste Pflege nicht hätte geben können.

Erläuterungen

Gesellschaftliche Normen prägen unser Verhalten und unsere Einschätzung. Aufgrund von Normen ordnet die Gesellschaft das Zusammenleben. Sie regelt, was zu tolerieren und was abzulehnen ist. Wir beurteilen das Aussehen, das Denken und das Verhalten von Personen auf der Basis solcher gültiger Normen. Auf dieser Grundlage fühlen wir uns auch berechtigt, Gewalt auszuüben gegenüber denjenigen, die gegen eben diese Normen verstoßen, vielleicht weil sie ihnen nicht zu genügen vermögen. Der Einzelne wird der normativen Gewalt unterstellt. Er hat sich diesen Gesetzmäßigkeiten zu fügen.

Hier kann also strukturelle Gewalt vorliegen, zumindest wenn die Einhaltung von allgemeinen und vielleicht kaum hinterfragten Normen die Entwicklungsmöglichkeiten einzelner Personen beeinträchtigen. Im geschilderten Fall kommt die personale Gewalt des Ehemannes hinzu, der das Verhältnis des Vertrauens zwischen den beiden Demenzkranken durchbrochen und damit beiden geschadet hatte.

Herr Dittmer hatte sein Leben lang die Norm der monogamen Ehe befolgt, ebenso wie seine Frau. Erst die besonderen Umstände der dementiellen Erkrankung seiner Frau und ihres Umzugs in ein Heim führten zu einer Beziehung, die vom strengen und unhinterfragten Standpunkt dieser Norm nicht toleriert werden kann. Sofern man aber die besondere Situation in die Überlegungen einbezieht, stellt man fest, dass durch die gegenseitige Beziehung der beiden dementen Bewohner nicht die Norm der Ehe verletzt wird, weil keine Einsicht in das eigene Verhalten und auch keine Absicht der Untreue besteht. Die Beziehung ist vielmehr ein Leben in der Vergangenheit mit vergangenen Partnern, die den Betroffenen ein befriedigendes Leben in der Gegenwart ermöglicht. Durch diese Erkenntnis kann Herr Dittmer schließlich seine aggressiven Tendenzen überwinden (Abb. 4).

In solchen Situationen sind immer Fragen zur Gültigkeit der Normen zu stellen. Können gesellschaftliche Gesetze wirklich Gewalt erlauben? Können Einzelpersonen oder Institutionen auf die Einhaltung solcher Normen verzichten? Sind also Ausnahmen des Geltungsanspruchs dieser Normen gerechtfertigt? Außerdem: Wenn zwei oder mehrere Normen in Konflikt stehen, welcher Norm kommt dann Priorität zu?

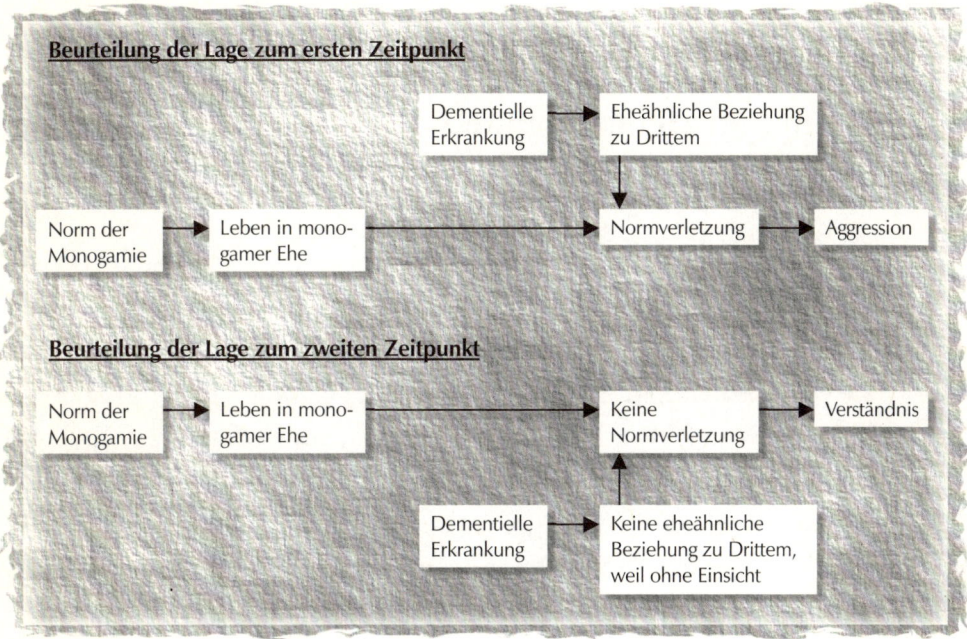

▶ Abbildung 4:
Unterschiedliche Wahrnehmung des Verhaltens führt zu unterschiedlichem
Urteil, ob Normen eingehalten werden

Beurteilung der Lage zum ersten Zeitpunkt

Dementielle Erkrankung → Eheähnliche Beziehung zu Drittem

Norm der Monogamie → Leben in monogamer Ehe → Normverletzung → Aggression

Beurteilung der Lage zum zweiten Zeitpunkt

Norm der Monogamie → Leben in monogamer Ehe → Keine Normverletzung → Verständnis

Dementielle Erkrankung → Keine eheähnliche Beziehung zu Drittem, weil ohne Einsicht

In der Geschichte von Herrn Dittmer gibt es die Norm der juristisch gesehen immer noch gültigen Ehe. Soll, darf, muss der Ehemann auf seinem Anspruch nach Treue bestehen, einer Treue, von der seine Frau
gar nichts mehr versteht? Oder lässt sich der Konflikt durch eine neue
Sichtweise betrachten, welche die Krankheit und die damit einherge-
henden geistigen Veränderungen berücksichtigt? Lässt sich eine neue
Norm etablieren, die darauf abzielt, für die betroffenen kranken Mit-
menschen die höchstmögliche Lebensqualität zu erhalten oder zu erreichen?

Auf diese Fragen gibt es keine allgemein gültigen Antworten. Jede be-
troffene Person kann hier je nach ihren Werten – und innerhalb des
Rahmens der gültigen Gesetze – zu einer individuellen Antwort finden.
Wenn sie „ihre" Antwort gefunden hat, stellt sich für ihre Umgebung

selbstverständlich die schwierige Aufgabe der Toleranz, d.h. der Zustimmung zu dieser Lösung, auch wenn man sich selbst anderen Zielen verpflichtet weiß.

Die heimlichen Problemlöser:
Gewalt im Heim als Ergebnis der Gewalt in der Gesellschaft

Herr Thaler, Junggeselle und 79 Jahre alt, ist erst seit kurzem ins Heim eingetreten. Vorausgegangen war ein Sturz mit Knochenbruch, der eine Operation im Regionalkrankenhaus nötig machte. Leider verliefen die Operation und die nachfolgende Rehabilitation nicht ohne Komplikationen. Herr Thaler lernte nur unzureichend wieder gehen. Er wurde schließlich vom Krankenhaus aus direkt ins Heim verlegt, da an eine Rückkehr in seine Wohnung nicht zu denken war. Auch ambulante Hilfe hätte dem vielseitigen Betreuungsbedarf nicht gerecht werden können.

Herr Thaler war über seine für ihn übereilte Platzierung im Heim unglücklich, denn er war seit vielen Jahren gewohnt, sein Leben so einzurichten, wie er es gerade wollte. Er hatte dann gegessen, wann er Appetit hatte, er hatte bis in alle Nacht ferngesehen oder Musik gehört und dafür oft bis gegen Mittag geschlafen. Dann hatte er stundenlang verschiedene Tageszeitungen zum verspäteten Morgenkaffee gelesen und sich häufig mitten am Nachmittag ein mehrgängiges Menü gekocht.

Jetzt im Heim sollte Herr Thaler regelmäßig schon um halb acht Uhr frühstücken, um elf Uhr mittag- und um siebzehn Uhr abendessen und anschließend schlafen. Das konnte er natürlich nicht. Er fand oft während Stunden und Stunden keinen Schlaf, wollte aber auch keine Schlafmittel einnehmen, weil er sich vor Nebenwirkungen der Medikamente fürchtete und auch davor, von Medikamenten abhängig zu werden. Aus diesen Bedenken heraus hatte er schon früher möglichst keine Medikamente eingenommen. Auf der anderen Seite wollte er am Abend auch lieber länger wachbleiben und Musik hören. Durch seine Musik fühlte sich aber sein Zimmernachbar gestört, so dass sich bald heftige Diskussionen und Streitereien einstellten.

▸▸ *Wie diese Geschichte weiterging*

Um diesem Streiten ein Ende zu setzen, verabreichte man Herrn Thaler ein Schlaf- und Beruhigungsmittel. Herr Thaler reagierte stark auf die ungewohnte Medikation und entwickelte ein großes Schlafbedürfnis. Auch nach zwölf Stunden Schlaf fühlte er sich müde und unausgeruht. Er konnte sich kaum über wenige Stunden wach halten. In den folgenden Wochen verlor er jegliches Interesse an seinen gewohnten Beschäftigungen und wollte nur noch im Bett bleiben. Da sich auch seine Gehfähigkeit rapide verschlechterte und er kein Interesse mehr am Gehtraining zeigte, blieb er bald auch tagsüber im Bett. Aufstehen und sich Anziehen wurden ihm zu beschwerlich. Man ließ ihn gewähren, erleichtert darüber, dass das Streiten der Zimmernachbarn ein Ende gefunden hatte.

Im folgenden Monat begann Herr Thaler unter Wundliegen zu leiden. Die neu aufgetretenen Schmerzen setzten ihm stark zu, so dass man sie mit Medikamenten zu vermindern suchte. Leider gelang die Schmerzreduktion nicht wie gewünscht. Herr Thaler erhielt darauf weitere Beruhigungsmittel. Nach einer weiteren Woche entwickelte er eine Lungenentzündung. Angesichts der Gesamtsituation entschloss man sich, ihn nicht mehr antibiotisch zu behandeln. Drei Tage später war Herr Thaler tot.

▸▸ *Wie es auch weitergehen könnte*

Um diesem Streiten ein Ende zu setzen, wollte man Herrn Thaler ein Schlaf- und Beruhigungsmittel anbieten, was er aber ablehnte. Wegen der stetig anwachsenden Spannung unter den Zimmernachbarn entschloss man sich schließlich, die Mittel ohne sein Wissen in den Abendkaffee zu mischen. Herr Thaler reagierte stark auf die ungewohnte Medikation und entwickelte ein großes Schlafbedürfnis. Auch nachdem er einige Tage und Nächte fast durchgehend geschlafen hatte, besserte sich der Zustand nicht. Herr Thaler kannte solche Müdigkeit nicht an sich; er fragte sich immer mehr, wie es dazu gekommen sei. Schließlich argwöhnte er, dass man ihm etwas ins Essen mischte. Er fragte seine Lieblingsschwester danach, aber ihre ausweichende Antwort vermochte ihn nicht zu beruhigen. Sein Argwohn verdichtete sich immer mehr, und schließlich war er fest davon überzeugt, dass etwas nicht mit rechten Dingen zugehen könne.

Wenn er das Thema ansprach, wurde er vertröstet und hingehalten. Er konnte keine klaren Auskünfte erhalten, was seine Bedenken nicht zu schmälern vermochte. Misstrauisch beobachtete er fortan alle Handlungen des Pflegepersonals. Dabei entdeckte er immer mehr Ungereimtheiten. Schließlich gelang es ihm, einer Ferienablösung das Geheimnis zu entlocken. Von ihr erfuhr er endlich, dass man ihm schon seit Monaten trotz seiner Ablehnung Medikamente verabreicht hatte. Er reagierte auf diese Enthüllung mit großer, hilfloser Wut. Am liebsten hätte er das Heim noch gleichentags verlassen. Weil er aber die dazu notwendigen Schritte nicht aus eigener Kraft unternehmen konnte, weil er überdies außerhalb des Heimes keine Bezugspersonen mehr hatte, die ihm hätten beistehen können, und weil sich auch im Heim niemand für ihn verwenden wollte, fühlte er sich der Macht der Heimleitung ohnmächtig ausgeliefert. Er resignierte bald, verlor seinen Lebensmut und verstarb nach wenigen Wochen.

▶▶ Eine weitere Fortführung der Geschichte

Schließlich gelang es Herrn Thaler, einer Ferienablösung das Geheimnis der in den Abendkaffee gemischten Schlaf- und Beruhigungsmittel zu entlocken. Von ihr erfuhr er endlich, dass man ihm schon seit Monaten ohne sein Wissen Medikamente verabreicht hatte. Er reagierte auf diese Enthüllung mit großer Wut. Am liebsten hätte er das Heim noch gleichentags verlassen. Da ihm das aber nicht möglich war, entspann sich in den folgenden Monaten ein wahrer Kleinkrieg: Herr Thaler versuchte bei jeder sich bietenden Gelegenheit, das Personal herzurufen. Er forderte und forderte und blieb dennoch immer unzufrieden. Auch Vorwürfe der Heimleitung änderten nichts an seinem Verhalten. Aus dem auf Selbständigkeit bedachten, zuvorkommenden und anspruchslosen Bewohner war ein nicht zu befriedigender Griesgram geworden, dem alle Pflegenden tunlichst aus dem Wege zu gehen suchten.

▶▶ *Noch eine weitere Entwicklung*

Eine Schwesternschülerin hatte diese Entwicklung beobachtet und wandte sich mit dem Problem an die Abteilungsleitung. In einer Diskussion mit Herrn Thaler versuchten sie gemeinsam, das Problem einzugrenzen.

Als erste Maßnahme wurde Herrn Thaler in Aussicht gestellt, dass er in ein Einzelzimmer umziehen konnte. Dort konnte er so lange wach bleiben, wie er es wünschte, und sich die Zeit mit Musik vertreiben. Dann wurde ausgehandelt, dass er zwar regelmäßig die Hauptmahlzeit mittags im Speisesaal einnehmen würde. Seinen Morgenkaffee konnte er sich aber fortan selber im Zimmer mit einem Elektrowasserkessel zu der Zeit kochen, wie er es wünschte. Er konnte auch sehr spät aufstehen und dann direkt das Mittagessen einnehmen. Das Abendessen wurde ihm aufs Zimmer gebracht. Die geringfügige Verteuerung nahm er gerne in Kauf, weil er dadurch seinem früheren Rhythmus näherkommen konnte. Er war dafür sehr dankbar, schätzte diese Zusatzleistung sehr und auch die Personen, die ihm die Beibehaltung seiner seit langem bewährten Gewohnheiten ermöglichten. Herr Thaler war ein rundum zufriedener, aufgeweckter und geachteter Bewohner.

Erläuterungen

Herr Thaler muss im Heim erleben, was in unserer Gesellschaft in Politik, Wirtschaft, Familie und in Freizeitgruppierungen gang und gäbe ist: die Mächtigeren nutzen ihre Macht, ohne sich viel darum zu kümmern, welche Gefühle die erzwungenen Handlungen bewirken. Seine Entwicklung im Heim als Opfer der strukturellen Gewalt der Vorschriften und der Gewohnheiten wird dadurch wirklich beklagenswert (Abb. 5).

Abbildung 5:
Gewalt in der Gesellschaft bestimmt Verhalten

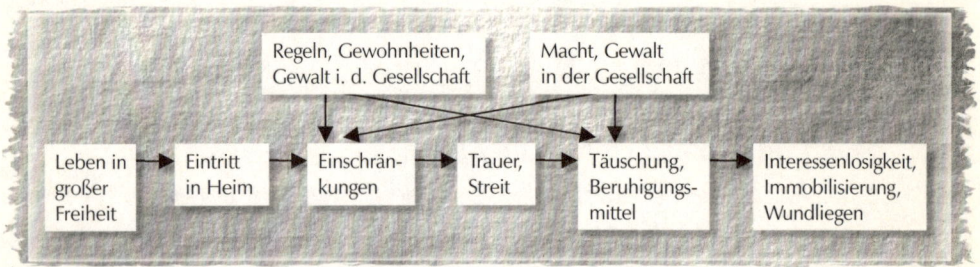

Es muss eine Schwesterschülerin kommen, die ihn einbezieht in die Überlegungen, wie er seinen Lebensstil auch im Heim fortführen könnte, ohne andere Personen allzusehr zu beeinträchtigen.

In dem Altenheim wird wenig informiert. Sich entwickelnde Probleme werden nicht offen diskutiert. Ohne größere Diskussionen werden Medikamente eingeführt, selbst wenn ein Bewohner sie ablehnt. Medikamente werden immer wieder mit der medizinischen Begründung von Unruhezuständen, Agitiertheit, Ruhelosigkeit verordnet. Das ist leider Tatsache. Unter dem Druck der anwachsenden Spannung zwischen den Zimmergenossen einerseits und zwischen dem Bewohner und dem Pflegeteam andererseits greift man in der Not zu Heimlichkeiten. Herr Thaler reagiert irritiert, dann resigniert, misstrauisch und zänkisch. Die Vertrauensbasis leidet empfindlich und wird schlussendlich zerstört.

Zwar hatte niemand unter dem Pflegepersonal beabsichtigt, Herrn Thaler zu schädigen. Durch ein Vorgehen, das ihn nicht einbezog, und unter Ausnutzung des Machtvorsprungs des Pflegepersonals wurde Herrn Thalers Freiheit der Lebensgestaltung jedoch stark beschnitten und sein Selbstverständnis als gleichberechtigter Verhandlungspartner zerstört. Die Gewalt gegenüber Herrn Thaler ruht auf dem, was in unserer Gesellschaft möglich ist. Herr Thaler erlebt die entmündigende Haltung des Heims ihm gegenüber als Machtmissbrauch. Er fühlt sich wehrlos und resigniert.

Eine Medikation ohne Einwilligung des Betroffenen kann allenfalls als eine dringliche Sofortlösung diskutiert werden, selbst wenn sie vom Bewohner abgelehnt wird. Dieses Vorgehen ist jedoch nur zu tolerieren, wenn sich dadurch eine extrem kritische Situation kurzfristig entspannen lässt. Sobald sich die Lage entspannt hat, sind dann Lösungen zu suchen, die von allen Konfliktparteien unter Beteiligung des Bewohners gleichermaßen akzeptiert werden. Im offenen Gespräch könnte es ja möglich sein, den Bewohner für einen medikamentösen Versuch zu motivieren. Diese Chance wurde bei Herrn Thaler leider verpasst. Stattdessen wurde das Vertrauen aufs Spiel gesetzt.

Im beschriebenen Fall muss die Frage, ob es wirklich notwendig war, das anstehende Problem sehr schnell durch Medikamente zu lösen, wohl verneint werden. Die Gewohnheit, aus einer Machtposition heraus ohne Rücksicht auf die Wünsche der Betroffenen zu handeln, hatte sich durchgesetzt.

Zeitdruck und die Erwartung eines möglichst reibungsfreien Ablaufs des Alltags verhindern oft die konstruktive Suche nach Lösungen für anstehende Probleme. Einmal festgesetzte Zeitgitter werden als unumstößlich angesehen, auch wenn sie den Bedürfnissen einzelner Bewohner zuwiderlaufen. Es bleibt kein Raum für individuelle Rhythmen oder Gewohnheiten. Von anderen Personen unter anderen Umständen geschaffene Strukturen bestimmen über die Bewohnerinnen und schränken deren Entwicklungsmöglichkeiten ein.

Jeder Bewohner und jede Bewohnerin muss sich an Zeitstrukturen anpassen, die durch Faktoren (Arbeitszeiten des Küchenpersonals u. a.) festgesetzt werden, die für die Bewohner nicht überschaubar sind. Unsere Gesellschaft erwartet hier eine riesige Anpassungsleistung auch von den älteren Personen, denen sie andererseits die Lernfähigkeit abspricht. Damit wird ihnen doppelt Gewalt angetan. Während sonst Individualität als hoher Wert gilt, verlangt man hier vom alten Menschen die Aufgabe von liebgewonnenen und lebenslang geübten Gewohnheiten. Hierin wird eine Geringschätzung des älteren Menschen offenbar. Durch die hohe Bedeutung, die den Strukturen zugestanden wird, werden die älteren Menschen nicht nur geächtet, sondern auch bevormundet. Solchen Handlungsweisen gegenüber älteren Menschen ist auch die Öffentlichkeit weitaus weniger kritisch eingestellt als gegenüber der Anwendung körperlicher Gewalt.

Auch hier liegt keine absichtliche Schädigung vor. Die negativen Auswirkungen illustrieren jedoch, wie wichtig es sein kann, das Konzept der strukturellen Gewalt gerade auch bei solchen Handlungsweisen gegenüber älteren Menschen in Institutionen zu nutzen.

 ## Das schwarze Schaf:
Gewalt als Ergebnis von Frustrationen

Der 78jährige Herr Kuhl lebt im Heim, weil seine Angehörigen die Pflege und Betreuung nicht mehr übernehmen konnten. Seitdem verlangt Herr Kuhl immer wieder vom Personal und von den Angehörigen, nach Hause zurückkehren zu können, denn er besitzt ein eigenes Haus, das er sich selbst erarbeitet hat, und er war immer sehr selbständig gewesen.

So konnte er sich im Heim bisher nicht recht einleben. Auch ist er unzufrieden, dass er in einem Zweibett-Zimmer mit Herrn Friedrich wohnen muss. Er jagt seinen Mitbewohner immer wieder aus dem Zimmer mit der Begründung, es sei sein Zimmer. Sein Fernsehgerät und sein Radio wurden ihm nach kurzer Zeit weggenommen, weil er meistens beides gleichzeitig laufen ließ – auch nachts. Unter dem Personal herrschte die Ansicht, diese Störung sei Herrn Friedrich nicht zuzumuten. Dabei findet Herr Kuhl, er bezahle mehr als in einem Grand-Hotel. Er erwartet daher, entsprechend bedient zu werden.

An diesem Morgen steht Herr Kuhl selbst auf und versucht sich anzukleiden. Er ist aber verstuhlt und verschmutzt deshalb sein Bett und seine Kleider. Das Personal hat das schon oft erlebt und ihm deshalb verboten, selbst aufzustehen. Als Schwester Silvia kommt, um ihn zu waschen, wird er wütend und beschimpft sie, denn er will jetzt zum Frühstück gehen. Weil die Schwester ihn nicht so schmutzig gehen lassen kann, und weil das Personal schon verschiedentlich gerügt worden war, Herrn Kuhl nicht sauber zu halten, schleppt sie ihn ins Badezimmer und steckt dabei einige Schläge ein.

Im Team herrscht Uneinigkeit darüber, wie mit der Sauberkeit umgegangen werden soll. Probleme gibt es auch immer wieder mit Herrn Kuhl's Urinsack, denn Herr Kuhl verlangt oft mehrmals am Tag einen neuen.

Im Laufe dieses Morgens, als Schwester Silvia sehr viel zu tun hat, klingelt Herr Kuhl. Als einige Zeit niemand erscheint, leert er den Urinsack im Zimmer aus. Da kommt Herr Friedrich ins Zimmer, rutscht aus und stürzt. Als Schwester Silvia schließlich eintrifft, schimpft sie mit Herrn Kuhl und kümmert sich zuerst um Herrn Friedrich. Danach muss sie Herrn Kuhl umziehen, weil auch er nass geworden ist. Später fragt die Oberschwester Silvia vorwurfsvoll, warum sie nicht schneller auf das Klingeln reagiert habe. Schwester Silvia fühlt sich ungerecht behandelt und denkt, die Oberen sollten sich mal selbst um Herrn Kuhl kümmern müssen, dann würden sie nicht mehr so um seine Verwandten herumtänzeln.

Beim Essen gibt es auch immer wieder Auseinandersetzungen. Herr Kuhl ist übergewichtig. Die Ärztin hat ihm deshalb eine Diät verschrieben, obwohl er sehr gern isst. Als er heute den Teller seines Nachbarn sieht, schimpft er und vertauscht ihn mit seinem Teller mit der Begründung, es sei eben sein Teller. Das Personal interveniert und kann eine Schlägerei gerade noch verhindern. Schwester Silvia setzt sich mit Herrn Kuhl an einen separaten Tisch und versucht, ihn zu beruhigen und ihn dazu zu bewegen, seine Medikamente zu nehmen, die man wie schon oft irgendwo gefunden hatte.

Herr Kuhl beklagt sich häufig nachmittags in der Cafeteria bei fremden Besuchern über die „Missstände" im Heim. Jemand aus der Küche gibt ihm dann oft etwas zu essen, um ihn so zu besänftigen. Mit Hinweisen darauf, was ihm andere jeweils geben, kommt Herr Kuhl noch zu einem Schnaps und zu Zigaretten, was beides der Arzt verboten hatte.

Als Herr Kuhl an einem Nachmittag Besuch von seinem Sohn erwartet, ruft ihn dieser an, er könne nicht kommen. Herr Kuhl beklagt sich bei seinem Sohn darüber, wie schlecht es ihm hier gehe. Der Sohn telefoniert daraufhin mit der Heimleiterin und bittet, sein Vater möge doch besser behandelt werden.

Herr Kuhl sitzt traurig und allein in seinem Zimmer und klingelt. Schwester Silvia hat soeben vorwurfsvolle Bemerkungen der Heimleiterin über sich ergehen lassen müssen und fragt sich, wofür sie das alles eigentlich macht. Entnervt kommt sie in Herrn Kuhls Zimmer und fragt, was los sei. Dieser bietet ihr Pralinen an. Silvia schimpft mit Herrn Kuhl, er wisse doch, dass er keine Süßigkeiten essen dürfe, und sie fragt, woher er überhaupt die Schokolade habe. Silvia geht wieder. Später klingelt Herr Kuhl wieder, weil er auf die Toilette muss. Als Schwester Berta kommt, findet sie alles verschmiert. Sie fragt Silvia, warum sie nicht gemerkt habe, dass Herr Kuhl auf die Toilette müsse. Silvia und Berta diskutieren zusammen und finden beide, Herr Kuhl sei schwierig und sollte von den unzufriedenen Angehörigen woanders hin gebracht werden.

Nach dem Nachtessen wird noch eine Diashow gezeigt. Beim Weggehen aus dem Speisesaal stellt sich Herr Kuhl einer Bewohnerin derart in den Weg, dass diese stürzt. Deshalb darf Herr Kuhl nicht zur Diashow gehen. Herr Friedrich verkündet lautstark, Herr Kuhl habe Zimmerarrest, weil er böse gewesen sei. Im Laufe das Abends klingelt Herr Kuhl alle fünf Minuten und verlangt irgend etwas. Die Schwester vom Spätdienst ist im Stress und teilt Herrn Kuhl mit, sie habe noch anderes zu tun, als sich nur um ihn zu kümmern. Sie bemerkt auch beiläufig, wie es seine Frau bloß mit ihm ausgehalten habe. Als er zum x-ten mal läutet, stellt sie schließlich entnervt die Klingel ab.

▶▶ *Wie diese Geschichte weiterging*

Die Stationsschwester Ludwig überlegt sich, dass es so nicht weitergehen kann. Alle Beteiligten leiden unter der Situation. Sie erzählt einer Freundin von den Problemen, und im Laufe der Diskussion beschließt sie, möglichst bald die Situation von Herrn Kuhl bei einer Fallbesprechung im Pflegeteam diskutieren zu lassen.

In dieser Besprechung berichten alle Pflegekräfte zuerst von ihren Erfahrungen im Umgang mit Herrn Kuhl. Dabei äußern viele Teammitglieder Gefühle von Zorn und Hilflosigkeit. Sie suchen Erklärungen für sein und ihr eigenes Verhalten und überlegen mögliche Veränderungen. Sie beschließen, mehr auf Herrn Kuhl's Wünsche einzugehen. Beispielsweise wird versucht, Herrn Kuhl im Bett frühstücken zu lassen. Es werden mit ihm fixe Zeiten vereinbart, zu denen sein Urinsack geleert wird. Dabei soll jeweils etwas mit ihm geplaudert werden. Diese Änderungen werden mit Herrn Kuhl besprochen.

Als nächster Schritt wird ein Gespräch zwischen der Bezugsschwester, den Kindern, Herrn Kuhl und der Ärztin geführt. Nach anfänglicher Abwehrhaltung der Kinder zeigen diese sich erleichtert, dass die Schwierigkeiten ohne gegenseitige Vorwürfe zur Sprache kommen. Gemeinsam suchen alle nach Lösungsmöglichkeiten. Unter anderem beschaffen die Kinder einen Kopfhörer für Herrn Kuhl, die Ärztin verzichtet auf die Verordnung einer Diät, um festzustellen, ob Herr Kuhl dann weniger zwischendurch isst. Künftig werden die Kinder auch regelmäßig mit der Bezugsperson Kontakt pflegen, um Vorgehensweisen abzusprechen und Missverständnissen vorzubeugen. Die Bezugsperson bespricht mit dem Pflegeteam regelmäßig, welche neuen Abmachungen sie mit Herrn Kuhl aushandelt, was wesentlich zur Entspannung der Situation beiträgt.

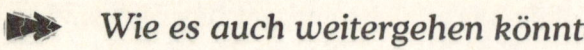

Wie es auch weitergehen könnte

Die Mitbewohner, deren Angehörige und auch das Pflegepersonal beklagen sich zunehmend über Herrn Kuhl. Die Situation spitzt sich zu, indem das Personal immer öfter auf Verhaltensauffälligkeiten von Herrn Kuhl überreagiert. Herr Kuhl wird zunehmend zum schwarzen Schaf und erhält kaum noch eine Chance, von den Bewohnern akzeptiert zu werden. Herr Kuhl leidet unter der Ausgrenzung und den feindseligen Stimmungen und wird gehässiger und aggressiver.

Die Heimärztin bespricht die Situation mit der Stationsschwester und sie finden, die Probleme wären zu weit eskaliert, als dass mit einer Fallbesprechung noch viel auszurichten wäre. Als letzte Möglichkeit beschließen sie, Herrn Kuhl als Krisenfall und zur Entlastung des Heimes in einer gerontopsychiatrischen Klinik zu hospitalisieren. Wenn alle Beteiligten sich erholt haben, soll ein Neuanfang im Heim versucht werden. Zur Vorbereitung der Rückkehr werden Gespräche mit Angehörigen und mit der Bezugsperson vereinbart. Die Bezugsschwester bespricht mit den Betreuern der Klinik, wie mit den schwierigen Verhaltensweisen von Herrn Kuhl umgegangen werden könnte und arbeitet einige Abmachungen und Regeln aus, die dann mit dem ganzen Team besprochen werden. So erhält Herr Kuhl die Chance, in das Heim zurückzukehren.

Erläuterungen

Herr Kuhl erlebt eine ganze Reihe von Frustrationen: Er muss sein Haus verlassen und ins Heim eintreten, dann sogar noch in ein Zweibett-Zimmer, obschon er die Gründe nicht einsieht. Er findet, er komme zu Hause mit etwas Hilfe noch ganz gut zurecht. Zu Hause schaute er bis spät in die Nacht fern. Jetzt schläft er früh, ist aber morgens schon ab 4 Uhr wach. Wenn er um 7 Uhr endlich zum Frühstück gehen will, muss er sich noch eine ganze Stunde gedulden. Wenn er klingelt, begreift er nicht, warum niemand kommt. Er findet, er bezahle schließlich genug. Essen, Wein und Zigaretten würden ihm noch Freude machen, aber all das wurde ihm verboten. Er fühlt sich so schlecht behandelt wie ein Verbrecher. Die Familie kümmert sich auch immer weniger um ihn. Wenn er versucht, die Zuneigung des Personals zu gewinnen, bleibt oft der Erfolg aus, weil ihm geschickte Umgangsformen fehlen. Dann wird noch seine Person als Ganzes abgewertet.

Dieses Schicksal kann als eine ununterbrochene Folge von Frustrationen, von Behinderungen seines Lebensstils und seiner Wünsche, gesehen werden. Dazu kommen die vielen Mikro-Frustrationen, wenn er beispielsweise seine Verschmutzung bemerkt, wenn er nicht sofort zum Frühstück gehen kann, wenn er beschimpft und wie ein Kind ins Bad geführt wird usw. Auf Frustrationen reagieren wir oft mit Aggression, so dass das unerhörte Verhalten von Herrn Kuhl eigentlich leicht zu verstehen ist.

▶ Abbildung 6:
Frustrationen führen oft zu Gewalt

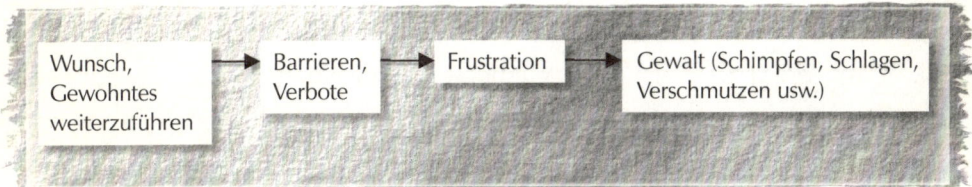

Das Personal seinerseits erlebt Herrn Kuhl mit all seinen Ansprüchen als einen mühsamen Bewohner, der ewig unzufrieden ist. Er hält das Personal im Arbeitsablauf auf. Viele Mitarbeiterinnen haben das Gefühl, Herr Kuhl mache einiges nur, um das Personal zu belasten und zu ärgern. Obschon sich alle Mitarbeiterinnen trotzdem immer wieder um ihn kümmern, und obwohl sie sich bemühen, ihn gut zu pflegen, erhalten sie von überall her Kritik und streiten sich auch untereinander. Insgesamt hat das Personal eine sehr undankbare Aufgabe. Auch das Personal erlebt daher eine Fülle von Frustrationen.

Immer wieder konnte bestätigt werden, dass die Behinderung von Wünschen und Zielen mit Aggressionen beantwortet wird. Die Regel „Frustrationen führen oft zu Aggressionen" entspricht der Wahrheit.

Viel besser wäre es, wenn Frustrationen möglichst vermieden würden. Das gelingt nicht nur, indem manche Beeinträchtigungen verhindert werden, sondern auch, wenn die Betroffenen einsehen, warum ein Vorgehen gewählt wird, oder wenn sie mitentscheiden können, wie und wann sie ihre Ziele verwirklichen können. So war das gemeinsame Gespräch der Bezugsschwester mit Herrn Kuhl, seinen Kindern und der Ärztin recht erfolgreich; auch für Herrn Kuhl einsichtige Begründungen eines Verhaltens konnten Frustrationserlebnisse und die daraus entstehenden Aggressionen vermindern.

Schluss mit dem Gejammer: Gewalt als Ergebnis von Lernprozessen

Die alleinstehende 78jährige Frau Lehner kann trotz ihrer zunehmenden Verwirrung erstaunlich lange in ihrer eigenen Wohnung verbleiben. Sie wird aber je länger desto mehr vor allem für die sie aufopfernd betreuende Nachbarin zur fast unerträglichen Belastung. Nach einem kleinen operativen Eingriff, der mehrere Tage Krankenhausaufenthalt erfordert, ist jedoch eine Rückkehr nach Hause ausgeschlossen. Frau Lehner kommt ins Pflegeheim.

Dort fällt sie durch extreme Unruhe und durch große Anhänglichkeit an das Pflegepersonal tagsüber und auch nachts auf. So steht sie beispielsweise, kaum hat man sie hingesetzt und das Frühstück serviert, vom Tisch auf und möchte zur Toilette gehen. Eine Schwester zeigt ihr (vielleicht schon zum zehnten Mal und obwohl es deutlich angeschrieben ist) die entsprechende Tür, doch Frau Lehner besteht darauf, dass die Schwester ihr auch auf der Toilette behilflich ist, obwohl sie sich dort eigentlich selber gut versorgen könnte.

Kaum sitzt sie wieder am Tisch, steht sie erneut auf, um sich ins Bett zu legen, weil sie müde ist. Sobald sie aber liegt, will sie wieder aufstehen und klagt über Durst. Die Schwester bringt ihr etwas zu trinken. Sie klammert sich an die Schwester und bittet sie, bei ihr zu bleiben. Die Schwester erklärt, dass sie jetzt etwas anderes zu tun hat, doch in zehn Minuten wiederkommen wird. Kaum hat die Schwester aber das Zimmer verlassen, steht Frau Lehner schon wieder hinter ihr und bittet sie, ihr auf die Toilette zu helfen. Die Schwester erklärt freundlich, dass Frau Lehner das selber könne und zeigt ihr den Weg. Zwei Minuten später ist Frau Lehner nass. Die Schwester nimmt nun Frau Lehner zum Betten mit, damit Frau Lehner nicht alleine sein muss, doch schon nach einigen Minuten will sich Frau Lehner wieder hinlegen.

So geht es den ganzen Tag; jeder Rapport und fast jedes Gespräch mit andern Bewohnern ist gestört; es gelingt auch nicht, Frau Lehner mit irgendeiner Beschäftigung (Handarbeiten, Musikhören, Bücher oder Zeitschriften ansehen) für nützliche Zeit abzulenken. Dazu fragt sie jeden: „Nicht wahr, ich kann doch hierbleiben?"

Nun kommt Schwester Gerda aus dem Urlaub zurück und hört als erstes, wie schwierig die neue Heimbewohnerin ist. An diesem Tag ist sie für Frau Lehner zuständig. Nachdem sie etwa eine Stunde lang das Hin und Her miterlebt hat, herrscht sie Frau Lehner in barschem Ton an, sie solle sich jetzt endlich wie ein vernünftiger Mensch benehmen, denn mit ihr, Schwester Gerda, könne sie dieses kindische Theater nicht spielen. Wenn sie jetzt nicht augenblicklich eine halbe Stunde ruhig sitzen bleibe, dann gäbe es was.

Als Frau Lehner nicht sofort gehorcht, sagt Schwester Gerda noch, wenn sie jetzt nicht sofort spure, könne sie etwas erleben; mit Hierbleiben sei dann gar nichts, und dieses Gejammer mache ihr gar keinen Eindruck. Tatsächlich bleibt nun Frau Lehner längere Zeit ruhig sitzen – zum ersten Mal, seit sie sich im Heim befindet. Schwester Gerda erklärt nun den anderen Mitarbeiterinnen, wie sie Frau Lehner beruhigen konnte: „Bei so unmöglichen Patientinnen muss man halt hart durchgreifen. Man darf kein Blatt vor den Mund nehmen, und man muss auch drohen, weil nichts anderes mehr hilft."

Da diese Methode offensichtlich die einzig erfolgreiche war, versuchen es jetzt auch die anderen Schwestern auf diese Weise. Frau Lehner wird zunehmend ruhiger. Sie jammert nicht mehr; sie äußert überhaupt keine Gefühle; sie sagt auch nicht mehr, wenn sie auf die Toilette muss. Somit wird sie inkontinent. Dieses Problem kann mit Einlagen gelöst werden. Sie wird unbeweglicher, steifer und kann kaum mehr alleine gehen. Dennoch gibt sie dem Personal weniger zu tun als vorher.

Weil bei der Diagnose Demenz eine solche Verschlechterung des Gesundheitszustandes als normal betrachtet wird, macht sich niemand über die Verschlechterung des körperlichen Zustandes von Frau Lehner Gedanken.

▶▶ *Ein anderer Verlauf der Geschichte*

Das Pflegeteam hält die Unruhe von Frau Lehner nicht mehr aus. Es sieht sich in seiner Arbeit behindert. Dazu fühlen sich andere Bewohner gestört und benachteiligt, denn sie erhalten weniger Aufmerksamkeit. Auch die Nachtwache weiß sich kaum mehr zu helfen. Sie kann gar nicht auf alle Wünsche und jedes Läuten von Frau Lehner eingehen. Obwohl das Personal sich tagsüber in der Betreuung von Frau Lehner abwechselt, damit die Belastung nicht zu groß wird, ist die Gefahr groß, dass der Geduldsfaden einmal reißt und sich jemand nicht mehr beherrschen kann.

Die Situation von Frau Lehner wird der hinzugezogenen Ärztin geschildert, die nun – mit einer niedrigen Dosis beginnend – ein geeignetes Schlafmittel sowie tagsüber ein Beruhigungsmittel einsetzt. In der Nacht beruhigt sich die Situation etwas, jedoch tagsüber bringt die Medikation kaum etwas. Deshalb wird sie langsam gesteigert. Bald darauf wird ein anderes Medikament eingesetzt. Frau Lehner wird damit etwas ruhiger und schläfriger. Sie ist aber verwirrter und findet sich in ihrer Situation gar nicht mehr zurecht. Einmal stürzt sie beim Gehen über den etwas ungeschickt platzierten Gehstock einer Mitbewohnerin, den sie einfach nicht beachtet hat.

Sie bricht sich dabei das Bein und wird in ein Krankenhaus verlegt. Die Operation verläuft komplikationslos, jedoch ist sie natürlich auch dort unruhig und muss sediert werden. Sie entwickelt deshalb eine Druckstelle am Gesäß; die Rehabilitation gestaltet sich äußerst schwierig. Zurück im Pflegeheim kann zwar der Dekubitus geheilt werden, jedoch lernt Frau Lehner trotz allen physiotherapeutischen Bemühungen nicht mehr zu gehen; sie bleibt auf den Rollstuhl angewiesen. Die Belastung für das Pflegepersonal ist jedoch geringer geworden, weil sie im Rollstuhl nicht mehr jedem nachlaufen und mit ihrem Jammern belästigen kann.

▶▶ Wie es auch weitergehen könnte

Das Pflegeteam überlegt gemeinsam, wie man die unhaltbare Situation, unter der die Patientin selber leidet, und die für Betreuende und Mitpatientinnen kaum mehr zumutbar ist, verbessern könnte. Sie besprechen dies mit der Ärztin sowie der Aktivierungstherapeutin. Zusammen wird versucht, verschiedene mögliche Ursachen dieses Verhaltens herauszufinden, um gezielt vorgehen und sinnvolle Maßnahmen durchführen zu können. So wird ein Harnweginfekt diagnostiziert und behandelt, der mit dem gehäuften Toilettenbesuch zusammenhing. Das löst zwar dieses Problem nicht, aber es mildert es etwas. Eine Augenabklärung zeigt eine deutliche Sehstörung, die sich mit einer Brille (die früher vorhandene ist nämlich verlorengegangen!) verbessern lässt. Die nach sorgfältiger Abklärung gestellte medizinische Diagnose ergibt ein Mischbild von (mittelschwerer) Demenz und deutlicher Depression. Daraus leiten sich für die Behandlung und das weitere Verhalten Konsequenzen ab, die nach gemeinsamer Absprache (Frau Lehner wird dabei einbezogen) schriftlich festgehalten werden, damit alle Beteiligten in gleicher Weise vorgehen.

Es werden Zeiten (kurze zwar) festgelegt, zu denen mehrmals am Tag eine 1:1 Betreuung möglich ist. Dabei wird Frau Lehner die Möglichkeit gegeben, von sich zu erzählen; so werden mit der Zeit sogar einzelne frühere Interessen von Frau Lehner in Erfahrung gebracht. Sie wird immer gelobt, wenn sie sich für kurze Zeit ruhig verhält, wenn sie selbständig zum Frühstückstisch geht usw.

Sie wird gebeten, den Schwestern doch zu helfen bei einer schwerkranken Zimmernachbarin und zu rufen, wenn diese stöhnt, denn diese Patientin kann selber nicht mehr klingeln. Dieser Auftrag macht Frau Lehner Freude. Sie erhält als medikamentöse Therapie ein Antidepressivum. Mit solchen und weiteren ähnlichen Maßnahmen entspannt sich die Situation allmählich. Eine gewisse Unruhe tritt zwar immer wieder auf, doch ist sie für das Personal und die Mitbewohnerinnen erträglich geworden; Frau Lehner hat jetzt auch fröhliche Momente, wo sie lachen kann und sogar humorvoll wirkt.

 ## Erläuterungen

Da die Situation unerträglich ist, reagiert bei der ersten Version Schwester Gerda mit verbaler Gewalt, mit Drohung und mit Infantilisierung (Frau Lehner wird nicht wie eine erwachsene, ernst zu nehmende Person behandelt): Ein Verhalten, das – scheinbar – erfolgreich ist. Deshalb fühlt sich Schwester Gerda bestätigt, mit diesem (Gewalt-) Verhalten weiterzufahren, d.h. sie wird verstärkt. Die anderen Pflegepersonen lernen daraus; sie bauen ihre Hemmungen ab und versuchen, mit der gleichen Gewalt erfolgreich zu sein: hier entsteht und steigert sich Gewalt durch Lernen am Modell (Abb. 7).

Bei diesem Vorgehen spielen sich zwei Arten von Lernen ab: das sogenannte Lernen durch Verstärkung und das soziale Lernen. Lernen durch Verstärkung setzt voraus, dass ein Verhalten belohnt wird, bzw. dass es erfolgreich ist. Je mehr Belohnung, desto rascher wird das Verhalten gelernt. So hatte der erste Versuch von Schwester Gerda, Frau Lehner durch Anschreien und Drohen zur Ruhe zu bringen, den erhofften Erfolg. Auch der nachfolgende barsche Umgang zeigt die beabsichtigte Wirkung. Es ist daher ganz natürlich, dass Schwester Gerda diese Pflegehaltung rasch lernte. Gleichzeitig stellte sie für ihre Kolleginnen ein Modell dar. Wer das erfolgreiche Verhalten einer anderen Person beobachten kann, lernt dieses Verhalten, selbst wenn sie oder er es nicht sofort selbst ausübt.

Abbildung 7:
Verstärkungslernen und Lernen am Modell

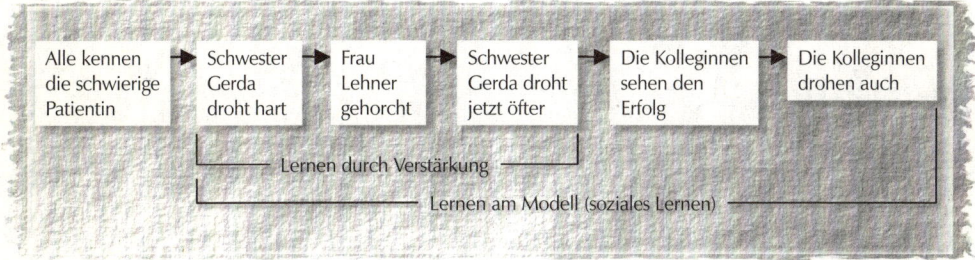

Dass Gewalt ausgeübt wird und zwar im Moment des Reagierens und was die Spätfolgen betrifft (schlechtes psychisches und körperliches Befinden), wird von den Handelnden oft gar nicht erkannt. Der harte Umgangston wird dann leicht auch in anderen, weit weniger schwierigen Situationen angewandt. Es besteht die Gefahr, dass er zur „Normalsprache" vor allem gegenüber psychisch veränderten Patientinnen wird.

Bei der zweiten Version wird der Ausweg über die medikamentöse Therapie gesucht. Medikamente können zwar bei Verhaltensstörungen unter gewissen Voraussetzungen eine sinnvolle Therapie sein, welche die Symptome beseitigt; werden sie aber ohne sorgfältiges Abwägen der zugrundeliegenden Erkrankungen, der Wirkungen und Nebenwirkungen und allein, d.h. ohne gleichzeitige zusätzliche Behandlungen, eingesetzt, so stellen sie auch eine Form von Gewalt dar. Die Tatsache, dass Medikamente bestimmte unerwünschte Symptome erfolgreich beeinflussen, scheint dazu zu berechtigen, sie fast bedenkenlos einzusetzen.

Damit wird wiederum durch Verstärkungslernen Gewaltausübung erworben und gefestigt.

Bei der dritten Version wird ein Weg ohne Gewalt versucht. Dies ist oft sehr schwierig. Meistens gelingt es erst nach mehreren Versuchen und nach längerem „Ausprobieren", welche Varianten von Maßnahmen erfolgreich sind. Neben Fachkenntnissen und Erfahrung benötigen alle Beteiligten auch Phantasie und Geduld. Eine permanente Fortbildung und Team- oder Erfahrungsgruppensitzungen können dabei hilfreich sein.

Lasst mich raus:
Gewalt als Ergebnis ungeeigneter Strukturen

Frau Vogel, 87-jährig, ist seit einigen Jahren dement. Angefangen hatte es mit zunehmender Vergesslichkeit, die sie mittels Notizzetteln auffangen konnte. Sie notierte sich alles Wesentliche und konnte sich mit Hilfe ihrer Zettelwirtschaft organisieren. Mit der Zeit vergaß sie aber mehr und mehr, dass sie sich Termine notiert hatte. Sie vergaß auch, wo sie ihre Zettel aufbewahrte. Dazu kam, dass sie auch vergaß, sich nach der Uhr zu richten. Sie verlor ihren Lebensrhythmus, nahm nicht mehr wahr, wann es draußen hell oder dunkel war, ob Nacht oder Tag sei. Sie wollte zum Einkaufen gehen, wenn sie Hunger verspürte und verstand nicht, weshalb sie immer wieder vor geschlossenen Ladentüren stand, am Sonntag oder um vier Uhr am Morgen. Dass ihr zu Hause Lebensmittel verdarben, realisierte sie nicht, weil es ihr gar nicht in den Sinn kam, im Kühlschrank nachzusehen. Sie wurde schließlich ganz schwach.

Ihre Kinder konnten auf die Entwicklung keinen Einfluss nehmen, denn sie lehnte ihre Hilfe, aber auch andere Hilfsangebote vehement ab. Schließlich stürzte sie immer häufiger aus unklaren Gründen. Sie verursachte auch mehrfach beinahe Verkehrsunfälle, weil sie die Straße überqueren wollte, ohne auf den motorisierten Verkehr zu achten. Als sie schließlich sich und ihren Haushalt nicht mehr sauber halten konnte, nachts in der Wohnung rumorte und die Nachbarn durch Lärm gestört waren, wurde sie im regionalen Altenheim untergebracht.

Dort lief sie mehrfach fort, auf der Suche nach ihrer Wohnung, oder weil sie dringend ihre Kinder zu versorgen hatte, wie sie erklärte. Sie gefährdete sich weiterhin im Straßenverkehr.

Schließlich wollte man dieser Gefährdung nicht weiter zusehen. In der Notlage wurde Frau Vogel trotz rechtlicher Bedenken in ihrem Zimmer eingeschlossen. Nun versuchte sie, sich über lautes Rufen Hilfe zu verschaffen. Das störte ihre Mitbewohner beträchtlich, weil nicht immer sofort jemand vom Personal losgehen konnte, um nachzusehen, was fehlte. Auch war es nicht möglich, Frau Vogel zu beschäftigen, denn niemand fand die Zeit, sie anzuleiten, bei ihr zu sein, sie mitzunehmen. Das Personal stand unter großem Druck, denn mehreren MitarbeiterInnen war aus finanziellen Gründen die Stelle gekündigt worden. Es sollten noch weitere Stellen abgebaut werden, um die außer Kontrolle geratenen Personalkosten und das gesamte Budget wieder ins Lot zu bringen. In dieser angespannten Personalsituation war es nicht denkbar, Frau Vogel intensiver zu betreuen.

Nachdem ihr Rufen nicht zum gewünschten Erfolg führte, begann Frau Vogel nach anderen Auswegen zu suchen. Sie merkte bald einmal, wie sich das Fenster öffnen ließ und kletterte auf den Fenstersims. Zum Glück wurden diese Vorgänge von anderen Bewohnern und deren Besuchern im Garten beobachtet. Das Personal wurde umgehend alarmiert und brachte Frau Vogel in Sicherheit.

▶▶ *Wie es weitergehen könnte*

Nach diesem Schrecken sah man keinen anderen Ausweg als Frau Vogel regelmäßig beruhigende Medikamente zu geben, so dass sie meistens recht schläfrig war. Sie verbrachte den größten Teil des Tages im Bett oder wurde vorübergehend aufgenommen und in einen Sessel platziert. Hatte sie zwischendurch wieder unruhigere Phasen, in denen sie herumzuwandern begann und den Ausgang suchte, wurde die Medikation erhöht. Zeitweilig versuchte man sogar, sie im Lehnsessel zu fixieren. Allerdings wandte sie dann oft alle ihre Kräfte auf, um sich zu befreien, so dass sie nach einiger Zeit völlig erschöpft war. Gelegentlich verletzte sie sich dabei auch, und große Hautpartien wurden bei ihren Befreiungsversuchen abgeledert. Aus Angst vor weiteren Verletzungen wurden erneut mehr Medikamente gegeben. Mit der Zeit wurde sie immer müder und schläfriger und döste in der Regel nur noch vor sich hin. So beschloss man, sie im Bett zu belassen. Sie wurde rasch immobil und blieb bettlägerig.

Wie es auch weitergehen könnte

Für Frau Vogel wird in einer Nachbargemeinde ein Platz in einem Pflegeheim, das eine spezialisierte Abteilung für Demenzkranke führt, gefunden. Dort lebt sich Frau Vogel nach einiger Zeit ein und nimmt gerne an den aktivierenden Programmen in Gruppen teil. So wird sie über mehrere Stunden täglich beschäftigt und wirkt dabei ganz zufrieden. Wenn keine Gruppenaktivitäten laufen, hat Frau Vogel in den großzügigen Räumlichkeiten genug Platz, ihrem Bewegungsdrang nachzugeben und für sich zu spazieren. Da die Abteilung nach außen geschlossen ist und intern keine baulichen Hindernisse und Gefahrenquellen enthält, besteht dabei keine Gefährdung für Frau Vogel. Sie wirkt in der neuen Umgebung zufrieden und fällt nicht mehr durch ständiges Rufen auf, hat sie doch Kontakte zu ihresgleichen gefunden, was sie sichtlich schätzt.

Eine andere Fortführung der Geschichte

Im Team beschließt man, dass künftig jeden Tag eine andere Pflegeperson für Frau Vogel zuständig sein soll. Diese ist gehalten, Frau Vogel bei möglichst vielen anfallenden hauswirtschaftlichen Arbeiten mitzunehmen und wenn immer möglich zum Mitmachen anzuhalten. Frau Vogel genießt sichtlich, dass sie Beschäftigung in vertrauten Bereichen hat. Sie wird ruhiger und lässt sich besser führen. Es bleibt allerdings das Problem bestehen, dass sie nicht allein gelassen werden kann, wenn andere Bewohnerinnen gepflegt werden müssen. Die Intimsphäre anderer Menschen wird so immer wieder verletzt, ohne dass eine Lösung gefunden werden kann. Auch der tägliche Wechsel an Betreuerinnen macht Frau Vogel manchmal Mühe.

 ### Wie es auch weitergehen könnte

Zum Glück ist Frau Vogel begütert. Sie kann es sich leisten, dass künftig mindestens für einige Stunden täglich eine private Pflegerin angestellt werden kann, die Frau Vogel besucht und mit ihr spazieren geht. Um auch den Vormittag zu überbrücken, wird sie meistens länger im Bett gelassen, was dadurch möglich wird, dass man ihr lang wirkende Schlafmittel verabreicht. Wenn sie sich gelegentlich nicht im Bett halten lässt, muss sie weiterhin im Zimmer eingeschlossen werden. Zu ihrer Sicherheit wurde das Fenster verriegelt, so dass es nur mit einem Schlüssel geöffnet werden kann. Frau Vogel stört dann immer noch durch lautes Rufen, aber es besteht wenigstens nicht mehr eine Gefährdung ihres Lebens.

Erläuterungen

Strukturelle Gewalt findet sich in dieser Geschichte auf zwei unterschiedliche Arten. Einerseits handelt es sich um strukturelle Gegebenheiten, nach denen dieses Heim für diese genannte Bewohnerin überhaupt nicht geeignet ist (Abbildung 8). Frau Vogel braucht eine Institution, die auf weglaufgefährdete, vollständig desorientierte Menschen zugeschnitten ist, so dass nicht immer wieder das extreme und in einigen Ländern ohne Gerichtsbeschluss nicht erlaubte Vorgehen gewählt wird, das Zimmer abzuschließen, oder die Bewohnerin ohne Bewegungsmöglichkeiten und ohne Anregungen für Beschäftigungen zu lassen. Außerdem müsste der Aspekt der Sicherheit beachtet werden, wenn die Freiheit schon räumlich so stark eingeschränkt wird, dass der Drang, sich zu bewegen, nicht befriedigt werden kann. Es muss also

eine Institution gefunden werden, die auf die Bedürfnisse der zu platzie-
renden Person möglichst genau zugeschnitten ist. Dabei ist auch einer
allfälligen Selbstgefährdung Rechnung zu tragen.

Eigentlich ist es unumgänglich, für demente Personen besondere Einrichtungen zu schaffen, in denen unter Beachtung der gesetzlichen Vorschriften Gefährdungen vermindert sind. Wenn es solche speziellen
Gebäudeteile oder Gesamtinstitutionen mit entsprechender personel-
ler Ausstattung erst ganz selten gibt, kann dies auch als strukturelle Gewalt angesehen werden, die z. B. durch politische Maßnahmen
vermindert werden könnte.

▶ Abbildung 8:
Strukturelle Bedingungen des Heims und der Umwelt beeinflussen
das Leben im Heim

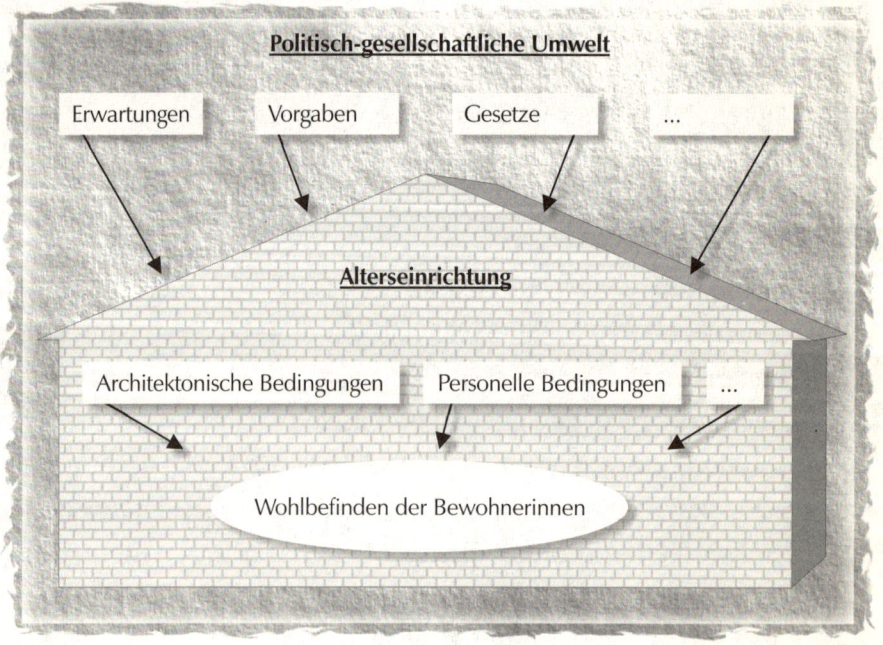

Wenn solche Einrichtungen fehlen, könnten sich mehrere Gemeinden
zu Verbänden zusammenschließen und gemeinsam die Kosten tragen

für spezialisierte Abteilungen in einem bestehenden Heim. So müsste sich nicht jede Gemeinde eine eigene, besonders personalintensive Spezialabteilung halten. Es darf aber nicht übersehen werden, dass eine solche Lösung viele demente Bewohnerinnen aus ihrer vertrauten Wohngemeinde entfernt, so dass sie erst eine kritische Eingewöhnungsperiode überstehen müssen, ehe sie sich am neuen Ort zurechtfinden und dort wohlfühlen.

Andererseits wird in der Geschichte dadurch sehr stark in die Struktur des Heimes eingegriffen, dass unter dem Druck der finanziellen Engpässe Personal in einem Maße abgebaut wird, dass die verbleibenden Mitarbeiterinnen nicht mehr so arbeiten können, wie das die Bedürfnisse der Bewohnerinnen erfordern würden (Abbildung 8). Durch etwas mehr Personal, eventuell auch durch besser geschultes Personal, wäre eine den Bedürfnissen von Frau Vogel besser angepasste Betreuung denkbar. Sie könnte unter Umständen zu hauswirtschaftlichen Arbeiten herangezogen oder zumindest dazugenommen werden, sofern nicht eine Beschäftigungsgruppe aus Mitbewohnerinnen, die ähnliche Bedürfnisse haben, eingerichtet werden könnte. Entsprechendes wurde in der einen Fortführung der Geschichte versucht.

Es wird immer Gegenstand von Diskussionen sein, ob nur noch solche Bewohnerinnen eine adäquate Betreuung erhalten sollen, die sich diese durch finanzielle Eigenleistungen zukaufen können. Das zu kleine Gesamtbudget der Institution ermöglicht weder eine angemessene Personalpolitik noch ein befriedigendes Pflichtenheft der Mitarbeiterinnen, ganz abgesehen von einem schwer zumutbaren Arbeitsklima, das durch Verunsicherung, mangelnde Wertschätzung und Überforderung gekennzeichnet ist.

Unruhige Zeiten:
Gewalt als Ergebnis gewaltfördernder Strukturen

Frau Blumer wohnt seit drei Jahren in einem Altenheim. Im Laufe dieser Zeit wird sie zunehmend verwirrter. Sie irrt im Hause herum. Sie geht in andere Zimmer und wird deshalb von den Mitbewohnerinnen nur mit Mühe ertragen. Als sie dann auch noch beginnt, andauernd und laut „Hilf mir" zu rufen, fordern Mitbewohnerinnen und Mitarbeiterinnen, sie so schnell wie möglich in ein Pflegeheim zu verlegen. Die Angehörigen finden in einem recht weit entfernten Heim einen Platz für sie und bringen sie dorthin.

Im Pflegeheim wird sie in einem Zweibett-Zimmer untergebracht. Die Unruhe nimmt massiv zu. Zeitweise ruft sie fast ununterbrochen nach Hilfe. Im Aufenthaltsraum wird sie deshalb von den Mitbewohnerinnen oft angeschrien, jetzt endlich einmal ruhig zu sein. Frau Blumer schlägt dann manchmal mit dem Stock auf andere ein. Bald vermeiden die Mitbewohnerinnen den Umgang mit ihr soweit wie möglich.

Das Personal versucht zuerst, mit erklärenden Worten an die Mitbewohnerinnen die Situation zu entschärfen, was jedoch gar nichts hilft. Frau Blumer wird deshalb in ihrem Zimmer gelassen. Ihre Bettnachbarin, welche sich bisher gerne allein im Zimmer aufgehalten hatte, wird dadurch enorm gestört, so dass sie in den Aufenthaltsraum „flüchtet" und auf ihren geliebten Sessel am Fenster verzichtet. Frau Blumer wird aber noch unruhiger und will dauernd das Zimmer verlassen. Die Mitarbeiterinnen bringen sie jeweils, gegen ihren Willen, ins Zimmer zurück. Zu den Tageszeiten, in denen wenig Personal auf der Abteilung ist, wird sie sogar am Stuhl angebunden. Da Frau Blumer jetzt beginnt, mit dem Stock auf das Personal einzuschlagen, wird ihr dieser weggenommen. Ohne Stock geht sie unsicherer. Sie stürzt mehrmals und zieht sich dabei mehrere Blutergüsse zu. Bei ihrem nächsten Besuch finden die Angehörigen die Patientin laut rufend allein im Zimmer mit blau unterlaufenem Auge und anderen blauen Körperstellen.

Die Angehörigen wenden sich empört an die Stationsleiterin, in welch desolatem Zustand sich ihre Mutter befände. Was denn das für eine Pflege sei? Die Stationsleiterin erklärt ihnen, dass das Heim über zu wenig Personal verfüge, so dass die Mitarbeiterinnen viel zu wenig Zeit für alle notwendigen Aufgaben hätten. Mehr Personal dürfe aber aus Kostengründen nicht angestellt werden. Das Pflegeteam gelangt nach diesen Reaktionen der Angehörigen an die Heimleitung, für Frau Blumer eine andere Lösung zu finden, da sie die ganze Abteilung auf den Kopf stelle. Die Heimleitung erklärt, kein anderes Heim in der Nähe nehme Frau Blumer auf. Außerdem hätten andere Abteilungen auch schwierige Patienten. Schließlich gehöre auch die Pflege solcher Patienten zu den Aufgaben eines Heimes.

▶▶ Wie die Geschichte weitergeht

Es bleibt als letzte Lösung, Frau Blumer etwas mehr Beruhigungsmittel zu geben. Das führt tatsächlich zu einer Beruhigung der Situation: Frau Blumer irrt nicht mehr alleine umher. Es dauert nicht lange und sie kann gar nicht mehr alleine gehen. Ihr Rufen wird leiser und deshalb weniger störend. Sie sitzt jetzt meist teilnahmslos in ihrem Zimmer. Sie benötigt mehr Pflege. Auch beim Essen muss man ihr immer mehr behilflich sein.

▶▶ Wie es auch weitergehen könnte

Im Altenheim wird überlegt, was die Gründe für die zunehmende Verwirrung sein könnten. Körperliche oder auch medikamentöse Ursachen werden durch eine sorgfältige ärztliche Abklärung ausgeschlossen. Aus der Kenntnis heraus, dass eine Verlegung für eine an Demenz leidende Patientin sehr ungünstig ist, setzen die Heimleitung und die Betreuenden sich das Ziel, Wege zu finden, wie Frau Blumer in der gewohnten Umgebung bleiben könnte. Dazu überlegen die Mitarbeiterinnen sich, was die eigentlichen Bedürfnisse von Frau Blumer sind, und wo bei ihr noch Fähigkeiten („Ressourcen") vorhanden sind.

Am Morgen nimmt jeweils eine Pflegerin Frau Blumer für bestimmte Hausarbeiten wie Betten machen, Tisch decken, Wäsche zusammenfalten usw. mit. Es ist bekannt, dass Frau Blumer früher ihren Haushalt gerne versorgt hat. Mit den Angehörigen wird abgesprochen, wer sie an welchem Wochentag nachmittags aufsucht, damit sie möglichst jeden Nachmittag Besuch erhält. Für nicht von Verwandten abgedeckte Tage wird ein freiwilliger Besuchsdienst aufgeboten. Alle Besucher werden ermuntert, mit Frau Blumer viel spazieren zu gehen, um ihren Bewegungsdrang zufriedenzustellen. Die Betreuenden versuchen herauszufinden, in welchen Situationen Frau Blumer besonders unruhig und wann sie besonders zufrieden ist. Darauf wird in der weiteren Tagesgestaltung Rücksicht genommen.

Schon wenige Tage nach Einführung der neuen Regelung fällt auf, dass Frau Blumer ruhiger wird. Sie ruft nur noch abends und nachts, und am Morgen verweisen alle Mitarbeiterinnen auf den bevorstehenden Besuch des Nachmittags. Mit dieser Wendung der Geschichte kümmern sich die Mitarbeiterinnen auch bewusster um Frau Blumer mit dem Ziel, ihr ein Umfeld zu verschaffen, in dem sie nur selten größere Defizite erlebt.

▶▶ Eine andere Fortführung der Geschichte

Trotz ernster Bemühungen des ganzen Pflegeteams verschlechtert sich die Situation von Frau Blumer so sehr, dass als einzige Lösung gesehen wird, Frau Blumer in ein Pflegeheim zu verlegen. Der Eintritt wird sorgfältig vorbereitet: bereits vorher besichtigt Frau Blumer das Heim zusammen mit einer ihr vertrauten Pflegerin. Am Tag des Eintritts stellen Frau Blumer, die Heimbewohner, die Angehörigen und das Pflegeteam sich gegenseitig vor. Ein herzlicher Willkommensgruß und Begrüssungskaffee sowie eine Bezugsperson für Frau Blumer bewirken eine entspannte und vertrauensbildende Atmosphäre.

Gleich von Anfang an bemühen sich die Betreuenden um Informationen über Frau Blumer wie frühere Interessen, Beschäftigungen, Beziehungen usw. Anhand eines Fotoalbums erzählt Frau Blumer vieles aus ihrem früheren Leben. Es wird auch ein „Wochenprogramm" zusammengestellt, wobei körperliche Aktivitäten in Form von Spaziergängen wichtig sind. In Teambesprechungen analysieren die Stationsleiterin und die Pflegerinnen die Situation, sie erklären manche Vorkommnisse und fördern damit das Verständnis für Frau Blumers Krankheit und für ihr Verhalten. Wenn Mitbewohnerinnen Frau Blumer beschimpfen, wird Frau Blumer z. B. aufgefordert, eine Pflegerin zu begleiten und dabei Blumen zu gießen. Oder zu den andern Bewohnerinnen wird gesagt: „Jetzt habe ich noch 15 Minuten zu tun, dann gehe ich mit Frau Blumer spazieren und Sie können sich wieder ungestört unterhalten."

Daneben werden räumliche Ausweichmöglichkeiten gesucht, z. B. eine Nische im Korridor, wo Frau Blumer nicht alleine ist, wo sie aber die Mitbewohnerinnen weniger stört. Da sie gerne singt, singen Mitarbeiterinnen ab und zu ein Lied mit ihr. Wenn dann auch andere Bewohnerinnen mitsingen, kommt eine recht fröhliche Stimmung auf. Frau Blumer lässt sich auch ablenken, wenn jemand mit ihr spielt. Statt des Stockes wird Frau Blumer ein Rollator angeboten, mit dem sie sicherer geht und mit dem sie nicht schlagen kann.

Von Anfang suchen die Stationsleiterin und die Pflegerinnen das Gespräch mit den Angehörigen; sie informieren diese über die Schwierigkeiten und die Probleme sowie über mögliche Folgen von Maßnahmen; man sagt ihnen klar, dass ihre Mithilfe erwünscht ist und dass man auf ihre Unterstützung angewiesen ist. Die Heimleitung signalisiert klar Verständnis und hilft mit, für die schwierige Situation Lösungen zu suchen. So organisiert sie z. B. freiwillige Helferinnen, die mit Frau Blumer im Garten spazieren gehen oder mit ihr spielen. Damit die Nachtruhe der andern Bewohnerinnen nicht zu sehr gestört wird, erhält Frau Blumer (sie wird zur selben Zeit zu Bett gebracht, wie sie das von früher her gewohnt war) ein geeignetes Schlafmittel. Zum Essen wird ihr genügend Zeit gelassen. Wenn sie vergisst, weiter zu essen, wird sie immer wieder dazu ermuntert.

Erläuterung

Unter struktureller Gewalt werden Lebensbedingungen verstanden, welche die Entwicklungsmöglichkeiten einer Person einschränken. In dem Fall von Frau Blumer liegen verschiedene Arten struktureller Gewalt vor: ein Altenheimkonzept, das keinen Platz für Demente bietet; der Wechsel aus gewohnter Umgebung in ein fernes Heim; Mehrbettzimmer, in denen sich Bewohnerinnen leicht gegenseitig stören; enge Wohnverhältnisse und schlechte akustische Isolation; Personal, das noch besser für seine Aufgaben ausgebildet sein müsste; eine Heimführung, die Führen mehr als ein Erteilen von Befehlen als ein gemeinsames Suchen nach Problemlösungen sieht; ein völlig ungenügender Stellenplan; chronische, psychisch und physisch beeinträchtigende Krankheiten. Solche durch die Gewohnheit, durch die verfügbaren Ressourcen und durch Reglemente begründete Strukturen können wichtige Bedürfnisse und damit Entwicklungsmöglichkeiten behindern. Sie stellen somit Gewalt dar (Abbildung 9).

▶ Abbildung 9:
Strukturelle Gewalt führt zu negativen Folgen ohne Täter

Strukturelle Bedingungen:
Zweibett-Zimmer,
Allgemeiner Aufenthaltsraum,
Zu wenig qualifiziertes Personal
für psychosoziale Arbeit,
...

Mitbewohnerinnen
fühlen sich gestört

Gewalt:
Anschreien,
Freiheitseinengung,
Sedierung durch
Medikamente,
...

Verschlechterung
des Gesundheits-
zustandes,
...

Gerade diese Form von Gewalt scheint unvermeidbar, denn Strukturen sind nicht so leicht zu ändern, und sie hängen von vielen weiteren Faktoren ab. Wie sollte z. B. eine Forderung: „Jeder pflegebedürftige Mensch hat Anrecht auf ein eigenes Zimmer" sofort zu verwirklichen sein? Dennoch wäre es falsch, vor dieser Form von Gewalt zu resignieren. Es gibt oft Lösungsmöglichkeiten, die allerdings Wissen, Erfahrung und vor allem Fantasie erfordern. So kann kurzfristig Gewalt vermindert oder sogar vermieden werden. Längerfristig lassen sich auch ungeeignete Strukturen korrigieren. Dazu müssen sie allerdings zuerst als gewalterzeugend erkannt werden.

Sparen hat seinen Preis:
Gewalt als Ergebnis von Spardruck

Schwester Daniela ist verzweifelt: wie soll sie den heutigen Spätdienst überhaupt bewältigen? Eigentlich wäre es vernünftiger gewesen, zu Hause zu bleiben, denn sie fühlt sich gar nicht wohl. Zur Zeit sind jedoch viele Mitarbeiterinnen krank, weil die Grippewelle trotz Impfung viele erfasst hat. Da will sie nicht auch noch ausfallen. Wegen der von den Gesundheitsbehörden verordneten Sparmaßnahmen sieht sich die Heimleitung gezwungen, kurzdauernde Krankheitsabsenzen nicht zu ersetzen, sondern von den andern Mitarbeiterinnen auffangen zu lassen. Dies ist wegen des knapp bemessenen Personalbestandes und wegen der immer pflegebedürftigeren Bewohnerinnen auch in „normalen Zeiten" schwierig und belastend. Jetzt in der Grippezeit erweist sich der Spardruck als katastrophal, denn es sind nicht nur Mitarbeiterinnen, sondern auch viele Heimbewohnerinnen an der Grippe erkrankt, so dass sie viel mehr Pflege benötigen.

„Es ist ja kaum zu verwundern" denkt Schwester Daniela, „dass wir alle mit unserer chronischen Überlastung viel anfälliger für Grippe sind und überhaupt so oft krank werden". Doch die zwei Stunden, bis die Nachtwache den Dienst übernimmt, werden wohl auch vorbeigehen. Zwar ist auch Frau Müller, eine zuverlässige erfahrene Pflegehelferin, die mit ihr eingeteilt war, ausgefallen, aber zum Glück ist Anna, eine neue Praktikantin, da. Sie ist zwar völlig unerfahren, doch sie gibt sich enorm Mühe und arbeitet gut.

Schwester Daniela kümmert sich als erstes um Herrn Koch, der Fieber und Atemnot hat, der inhalieren und die verordneten Medikamente schlucken sollte. Sie sollte aber auch so bald wie möglich zu Frau Moll gehen, die heute „so komisch" ist. Ob sie wohl auch die Grippe erwischt hat? Frau Grimm klingelt schon zum fünften Mal, sie will jetzt sofort ins Bett gebracht werden! Das kann Anna nicht machen, denn Frau Grimm ist halbseitig gelähmt, und es braucht dazu Erfahrung. „Jetzt seien Sie sofort ruhig und warten Sie gefälligst" schreit Daniela sie an, „ich habe wahrhaftig besseres zu tun, als immer auf Ihre Marotten einzugehen!" Daniela hat einfach keine Nerven mehr für diese schwierige Patientin.

Nun ruft Anna sie zu Frau Merz, die im Sterben liegt; sie hat Atemnot und fürchterliche Angst und möchte Daniela bei sich haben. Daniela hatte ihr früher versprochen, sie müsse beim Sterben nicht alleine sein. Da Frau Merz immer eine sehr gute Beziehung zu Daniela hatte und keine Angehörigen mehr besitzt, sollte Daniela unbedingt auch zu ihr gehen. Für die Nacht ist eine freiwillige Helferin aufgeboten, doch jetzt ist diese noch nicht da. Schnell verabreicht Daniela ihr die bei Atemnot verordnete Spritze. Sie sagt, es werde bald besser gehen und eilt mit schlechtem Gewissen davon. Sie muss wieder zu Herrn Koch, der alles erbrochen hat. Bei den anderen Abteilungen fragt sie noch um Hilfe an, doch die sind auch überlastet. Immerhin verspricht eine Kollegin ihr, in einer halben Stunde zu kommen.

Mit Schrecken fällt Daniela ein, dass Herr Roth, ein Patient mit schwerster Demenz, den ganzen Abend noch nichts zu trinken bekommen hat, obwohl er ausgetrocknet ist und unbedingt viel Flüssigkeit zu sich nehmen sollte. Sie schickt Anna zu ihm mit der Bitte, ihm langsam und vorsichtig zu trinken zu geben, da er sich leicht verschlucke. Sie hätte gestern ja zugesehen, wie man es machen müsse. Anna ist froh, helfen zu können. Herr Roth wirkt zwar schläfrig, anders als am Vortag, doch hat Anna ja einen Auftrag, den sie ausführen will. Sie stellt das Kopfteil des Bettes etwas höher und flößt Herrn Roth die Flüssigkeit ein. Er verschluckt sich ganz fürchterlich, beginnt zu husten, schwer zu atmen.

Der herbeigerufene Arzt verordnet das Notwendige. Herr Roth atmet nun ruhiger. Bald scheint er tief zu schlafen.

Am nächsten Tag ist Herr Roth nicht mehr ansprechbar und stirbt in der darauffolgenden Nacht. Anna wird von fürchterlichen Gewissensbissen gequält: ist sie nun schuld an seinem Tod (der übrigens von allen als Erlösung angesehen wird)? Hat sie etwas falsch gemacht, als sie ihm zu trinken gab? Sie wagt aber nicht, mit jemandem darüber zu sprechen, denn alle haben so schrecklich viel zu tun und keine Zeit für sie. Und Daniela hat sich inzwischen auch krank gemeldet wegen Grippe mit hohem Fieber. Anna bricht ihr Praktikum vorzeitig ab; ob sie wirklich einen Pflegeberuf lernen will, scheint ihr nach diesen Erfahrungen nun doch fraglich.

Als Daniela nach zwei Wochen wieder zur Arbeit kommt, macht sie sich nachträglich Vorwürfe: nie hätte sie der unerfahrenen Anna diese Aufgabe übertragen dürfen; sie weiß doch (und von der Pflegedienstleitung wird immer wieder darauf hingewiesen), dass Bewohnern mit bekannter schwerer Schluckstörung nur erfahrene Mitarbeiter zu trinken geben dürfen. Doch wie hätte sie jenen schrecklichen Abend anders meistern können? Daniela ist ziemlich verbittert und wütend auf die Gesundheitsbehörden mit ihrem Sparzwang, auf die Politiker, auf die Gesellschaft ganz allgemein. „Wenn ich mich weiter so einsetze und aufreibe, gehe ich nur kaputt. Besser ich schalte ab und beschränke mich bei meiner Arbeit auf das Notwendige", so denkt sie.

▶▶ Ein anderer Verlauf der Geschichte

Das Heim muss zwar sparen, doch müssen bestimmte Leistungen erbracht werden, wofür die nötigen finanziellen Mittel vorhanden sein müssen. So ist es der Heimleitung möglich, krankheitsbedingte Personalausfälle zu ersetzen. Das Personal fühlt sich nicht überlastet und kann einer Grippewelle besser begegnen. Es besteht auch weniger der Druck, alle Betten vollständig belegt zu haben. Daher kann das Heim es sich leisten, freigewordene Plätze in angespannten Situationen nicht sofort wieder zu belegen, was auch in solchen Zeiten zur Entlastung des Personals beiträgt. Da nicht mit einem so enormen Zeitdruck gearbeitet werden muss, können die nötigen Arbeiten leichter durchgeführt werden; der Umgang mit schwierigen Patienten gelingt besser; Fehlleistungen kommen weniger vor; komplexe und oft belastende Fragen können im Team besprochen werden.

 ## Erläuterungen

In dieser Geschichte werden fast alle Beteiligten zu Opfern von Gewalt: Daniela tut sich selber Gewalt an, denn sie arbeitet, obwohl sie krank ist. Frau Grimm wird angeschrien, Frau Merz wird in ihrer Todesangst allein gelassen, Herr Roth muss sterben. Daniela und Anna müssen unzumutbare Aufgaben übernehmen und erleiden seelische Konflikte. Es handelt sich auch hier um strukturelle Gewalt. Vorgegebene Strukturen bewirken immer wieder Situationen, in denen Gewalt praktisch nicht zu verhindern ist. Eine Grippe-Epidemie kann schließlich trotz Impfung auftreten. Phasen von gehäuften Krankheiten bei Personal und Heimbewohnern aus anderen Gründen kommen immer wieder vor und sind kaum zu verhindern. Die zunehmende Pflegebedürftigkeit der Heimbewohner führt zu stets wachsenden Anforderungen an das Personal.

Beschränkte finanzielle Ressourcen, zu wenig Personal allgemein, zu wenig qualifiziertes Personal im besonderen und Zeitmangel sind eine Tatsache. Sie sind nicht nur in dieser Geschichte, sondern in sehr vielen Pflegeheimen und Alteneinrichtungen verbreitet. Sie tragen wesentlich zur Entstehung von Gewalt und zu ihrer Fortsetzung von einem Akteur zum nächsten bei: die Behörden (selber zum Sparen gezwungen) bewilligen zu wenig Geld; die Heimleitung wird damit zu Gewalthandlungen gegenüber dem Personal gezwungen, wenn sie es bis zur Grenze der Belastbarkeit ausnutzt; Daniela übt Gewalt gegenüber Patienten und gegenüber einer anderen Mitarbeiterin aus; die Mitarbeiterin wiederum gegen einen Patienten. Mitarbeiterinnen und Heimleitung verursachen, indem sie die Konflikte von Anna und Daniela nicht beachten, erneut Gewalt, was schließlich zu Resignation und „Burnout" bei

Daniela führt. In dieser Situation wird sie – durch Vernachlässigung wichtiger Bedürfnisse von Heimbewohnerinnen – weiter Gewalt ausüben.

Solche und ähnliche Geschichten kommen tagtäglich und überall vor. Sicher wäre es zu einfach, diese Gewaltfolgen nur den Behörden, den Politikern, dem fehlenden Geld oder der falschen Verteilung der vorhandenen staatlichen Mittel anzulasten. Andere Dinge (z. B. organisatorische Mängel, fehlende Kreativität, mangelnder Mut für Innovationen usw.) spielen durchaus auch eine Rolle. Es ist aber wichtig, die Zusammenhänge zwischen Gesundheitspolitik und Gewalt in Heimen zu verstehen. Es ist auch wichtig, die Auswirkungen von Sparmaßnahmen auf Bewohner und Personal zu erkennen.

Wie aber kann hier eine Änderung herbeigeführt werden? Kurzfristig müssen wohl alle anderen Ursachen und Faktoren, die zu Gewalt beitragen, angegangen werden, so wie es in den vorangegangenen Geschichten geschildert wurde. Daneben ist aber eine Sensibilisierung aller Beteiligten, d.h. der Politiker und Behörden und der Gesellschaft überhaupt, für die hier geschilderte strukturelle Gewalt notwendig. Nur so, wenn diese Personen die Zusammenhänge wirklich verstehen und sich die konkreten Folgen ihrer Entscheidungen vorstellen können, lassen sich längerfristig Veränderungen in Gang setzen. Dabei geht es nicht immer einfach um mehr Geld, sondern auch um den richtigen Einsatz des vorhandenen Geldes. Dazu kommt noch, dass gerade Altenheime und vor allem das Personal in diesen Institutionen wenig Ansehen in der Öffentlichkeit genießen. Sie werden dadurch finanziell oft benachteiligt. Nichtwissen und Gedankenlosigkeit spielen zusätzlich eine Rolle.

Neben der Sensibilisierung geht es auch darum, Mittel und Wege zu finden, wie dort, wo ungenügende Strukturen Gewalt fördern, die für Verbesserungen notwendigen Ressourcen an diese Stellen geleitet werden können. Dies ist eine längerfristige, politische Aufgabe, an der wir uns alle beteiligen sollten. Damit wird der Schritt vom Heim zur Politik vollzogen. Heimleitungen treten in Kontakt mit Politikern, sie informieren schriftlich, persönlich, durch Einladungen und durch Petitionen über unzumutbare Lebensbedingungen der Bewohnerinnen, damit die Politiker die Notwendigkeit erkennen, dass auch im Altersbereich die Lebensqualität verbessert werden muss.

 ## Inkontinenz als Waffe:
Gewalt als Ergebnis der Reaktionen der Umwelt

Frau Graber kommt zur Entlastung der Schwiegertochter und ferienhalber ins Pflegeheim. Die letzten drei Jahre hat sie bei ihrem Sohn und dessen Frau verbracht. Dieses Zusammenleben gestaltete sich aber immer schwieriger: Frau Graber jammerte immer und machte der berufstätigen Schwiegertochter Vorwürfe, dass sie den ganzen Tag alleine sei. Dazu hatte sie immer mehr Mühe, wenn sie Treppen steigen musste. Da sich die Schlafräume und das Badezimmer im ersten Stock befanden, suchte die Schwiegertochter nach einer günstigeren Wohnform. Weil ihre Mutter in einem Heim gut umsorgt würde, riet sie zum Ferienaufenthalt.

Frau Graber jammerte im Heim nicht mehr als zu Hause. Sie musste keine mühsamen Treppen mehr steigen. Die Schwiegertochter realisierte jetzt, wie sehr sie durch die Pflege ihrer Schwiegermutter belastet gewesen war. So beschlossen Sohn und Schwiegertochter, Frau Graber definitiv im Heim zu lassen. Frau Graber wurde dies von der Heimleitung mitgeteilt, mit dem tröstlichen Hinweis, dass sie ja hier tagsüber nicht alleine sei.

Bald begann sich die Pflege von Frau Graber schwieriger zu gestalten: bei der Morgentoilette wollte sie gar nichts mehr selber machen. Schließlich hätte sie ihr Leben lang gearbeitet und ihr Körper sei halt jetzt verbraucht. Alles musste nach einem bestimmten Schema ablaufen: die Seifenschale musste dort stehen, das Handtuch da liegen, das Waschwasser musste eine ganz bestimmte Temperatur haben usw.

Machten die Pflegerinnen es ihr nicht richtig, was meistens der Fall war, vor allem wenn jemand sie zum ersten Mal pflegte, so schrie sie die Pflegerinnen an und beschimpfte sie. Wurde ein Kleidungsstück verlegt, so beschuldigte sie die am wenigsten erfahrene Pflegerin, es gestohlen zu haben. Dies führte dazu, dass alle Angst davor hatten, bei Frau Graber zur Pflege eingeteilt zu werden. Sie versuchten auch, alle ihre Extrawünsche zu erfüllen, was immer viel Zeit beanspruchte. Um allen Ärger zu ersparen, wurde wenn möglich diejenige Pflegerin bei Frau Graber eingeteilt, die sie sich wünschte. Sonst aber wollte niemand mehr als unbedingt notwendig in ihr Zimmer gehen.

Als die Bettnachbarin, Frau Sommer, eine ruhige, freundliche Frau, plötzlich an einer Lungenentzündung erkrankte, kamen viel mehr Menschen ins Zimmer: die Ärztin, die Physiotherapeutin, die Pflegerinnen, die sich intensiv um Frau Sommer kümmern mussten. Jetzt wurde Frau Graber inkontinent. Die Pflegerinnen mussten nachts mehrmals die Betttücher und tagsüber die Kleidung wechseln. Sie mussten Frau Graber immer wieder duschen, um sie sauber zu halten. Auch als Frau Sommer wieder gesund war, ging das so weiter: der Pflegeaufwand war enorm.

▶▶ ## *Wie die Geschichte weiterging*

Das Pflegeteam suchte nun nach anderen Lösungen, schon deshalb, weil der zeitliche Druck zu groß wurde und die anderen Bewohnerinnen zu kurz kamen. Nach Ausschluss medizinisch behandelbarer Inkontinenzursachen wurden Frau Graber Einlagen angelegt. Frau Graber riss diese aber weg und zerteilte sie in viele Stücke, so dass der Pflegeaufwand nur viel schlimmer wurde.

Ein Toilettentraining blieb erfolglos, da sie sich weigerte, mitzumachen. Sie begann jetzt auch immer wieder ganz laut nach der Schwester zu schreien, was die ganze Abteilung störte. Sofern es möglich war, ging deshalb immer sehr schnell jemand zu ihr, um sie zu beruhigen. Es wurde auch versucht, die Situation medikamentös zu beeinflussen. Die Medikamente wurden aber bald wieder abgesetzt, weil Frau Graber sich weniger gut bewegen konnte und deshalb nur noch mehr Hilfe beanspruchte. Frau Graber wurde die Problempatientin der Abteilung. Alle beschäftigten sich gedanklich, in Rapporten, aber auch im Tagesablauf sehr oft mit ihr.

▶▶ Wie es auch hätte weitergehen können

Das Pflegeteam überlegt sich und versucht zu verstehen, weshalb sich die von Anfang an schon schwierige Situation so negativ weiterentwickeln konnte. Es ist den Mitarbeiterinnen kaum mehr zuzumuten, wie sie von Frau Graber beschimpft werden. Deshalb berücksichtigt die Pflegedienstleitung bei der Einteilung am Morgen nicht mehr, welche Schwester Frau Graber am liebsten hat. Alle Pflegerinnen beschließen ein einheitliches Verhalten: wird eine Pflegerin zu sehr angeschrien, so erklärt sie Frau Graber, dieses Verhalten sei unzumutbar. Deshalb werde sie die Pflege erst in einer halben Stunde fortsetzen. Während des täglichen Wäsche- und Kleiderwechsels wird gar nicht groß auf das Inkontinenzproblem eingegangen, sondern die Pflegerin redet über etwas anderes. Frau Graber kann dabei viel von sich erzählen. Man beschließt, sich um Frau Graber gerade in den Momenten zu kümmern, in denen sie keine Schwierigkeiten macht. Täglich wird eine feste Zeit bestimmt, in der eine Pflegerin sich Zeit für Frau Graber nimmt, ohne dass eine pflegerische Verrichtung durchgeführt wird, also auch dann und vor allem dann, wenn die Beanspruchung durch die Inkontinenz weniger groß ist.

Mit den Angehörigen wird vereinbart, dass sie regelmäßig zu Besuch kommen und Frau Graber gelegentlich mit nach Hause nehmen. Wenn am Abend noch Zeit ist, spielt eine Pflegerin mit Frau Graber ein Gesellschaftsspiel, was Frau Graber schon früher gern getan hat. Mit der Zeit kommt auch eine Mitbewohnerin hinzu und spielt mit. So treten die Inkontinenzprobleme deutlich in den Hintergrund, wenn sie auch nicht ganz verschwinden. Auch die Morgentoilette wird für alle erträglicher. Das Schreien und Schimpfen wird seltener.

Erläuterungen

Frau Graber muss beim Heimeintritt, der plötzlich über ihren Kopf hinweg definitiv wurde, mit vielen Verlusten fertig werden: Verlust der eigenen Wohnung, der täglichen Beziehung zu ihren Angehörigen und Nachbarn, der autonomen Entscheidung. Sie erlebte zahlreiche Frustrationen, auf die sie mit Aggressionen reagiert. Sie wünscht sich eindeutig Zuwendung, die sie aber mit ihrem Verhalten nur beschränkt erhält. Indem sie die Pflegerinnen „schikaniert", müssen diese länger bei ihr bleiben. So erreicht sie vieles, sogar die Betreuung durch diejenige Pflegerin, die sie sich wünscht. Schließlich wird sie sozusagen zum Mittelpunkt der Abteilung. Ihr gewalttätiges Verhalten führte zum Erfolg, also verhält sie sich weiter so, denn ihr Verhalten wird vom Personal verstärkt.

▶ Abbildung 10:
Gewalt kann durch Verstärkung gefördert werden

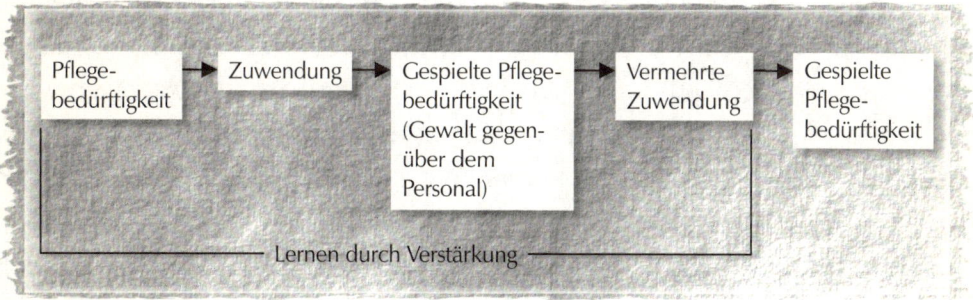

In der ersten Version wurde mit Gegengewalt reagiert: Einlagen anlegen, Medikamente verabreichen, worauf die Situation immer weiter eskalierte.

In der zweiten Version wurde versucht, das Verhalten von Frau Graber zu verstehen. Man bemühte sich, einen Weg zu finden, wie Gewalt nicht belohnt würde. Frau Graber erhielt für ein gewaltfreies Verhalten regelmäßig und zuverlässig Zuwendung. So musste sie weniger zu Mitteln der Gewalt greifen. Weil zusätzlich niemand mehr auf Aktionen von

Frau Graber einging, fehlten Verstärker, und diese Verhaltensweisen wurden „gelöscht", d. h. durch fehlende Verstärkung verlernt.

Dieses Vorgehen ist auch als sehr erfolgreiche verhaltenstherapeutische Technik bekannt. Es ist dabei wichtig, dass sich alle Betreuenden gleich konsequent verhalten und das erwünschte Verhalten belohnen und das unerwünschte Verhalten nicht beachten. Besonders am Anfang, wenn die Bewohnerinnen den Zusammenhang zwischen ihrem Verhalten und den Belohnungen noch nicht gelernt haben, erfordert diese Methode vom Personal Durchhaltevermögen, Geduld und Ausdauer.

 ## Laurisia macht alles falsch: Gewalt als Ergebnis von Schuldzuschreibungen

Jeden Tag ärgert sich Frau Schöni über die neue Schülerin Laurisia. Sie beklagt sich bei ihrer Tochter über die schlechte Pflege im Altenheim. Diese jungen Leute seien so unaufmerksam und gleichgültig. Sie hätten keinen Respekt vor dem Alter. Morgens beim Frühstück sei der Kaffee oft schon kalt. Die jungen Schwestern ließen sie wohl absichtlich warten, weil sie es gewagt habe, einmal etwas zu sagen. Und jetzt diese neue Schülerin, Laurisia, was die wohl immer im Kopf habe! Sie gehe wohl zu oft bis tief in die Nacht aus. Kürzlich habe sie sogar vergessen, ihr die Beine einzubinden. Sie habe sie daran erinnern müssen, und dann habe sie es so schlecht gemacht, dass nach einer halben Stunde alles schon wieder verrutscht sei.

In einem Standortgespräch mit Meret, ihrer Praktikumsbegleiterin, spricht Laurisia über die Schwierigkeiten mit Frau Schöni. Sie sei sonst gerne lustig mit den Bewohnerinnen. Vor allem mache es ihr Spaß, ihnen zu helfen, sich schön anzuziehen. Aber der Frau Schöni könne man es nie recht machen. Immer diese Unzufriedenheit beim Einbinden der Beine! Frau Schöni sei schon gehässig, wenn man morgens ins Zimmer komme. Wie die sie oft anschaue! Sie sage auch nie etwas, außer um zu reklamieren! Wenn sie so herumbefehle, dann sei sie, Laurisia, völlig blockiert und mache wirklich viele Fehler. So wie Frau Schöni möchte sie nie werden. Diese Unzufriedenheit und Nörgelei der alten Leute, da sei es schon besser, wenn man nicht alt werde.

Daraus wird eine schlimme Geschichte

Die Tochter meint zu Frau Schöni, sie habe ein Recht auf anständige Pflege, schließlich müsse sie hier viel bezahlen. Sie werde darauf bestehen, dass sich etwas ändere. Übrigens habe sie die neuen Stützstrümpfe mitgebracht, die seien vielleicht noch etwas eng. Es sei wichtig, dass sie vor dem Aufstehen angezogen würden.

Im Standortgespräch rät Meret Laurisia, Missmut und schlechte Launen von Frau Schöni nicht zu beachten. Auf ihr Schimpfen nicht einzugehen und die pflegerischen Arbeiten sicher und korrekt auszuführen, sei das Beste, was sie tun könne. Es gehöre zu der Ausbildung, dass man solche Situationen aushalten lerne.

Am Freitagmorgen ist Frau Schöni schon früh auf. Sie wartet und schimpft. Sie will sich nicht noch einmal für eine halbe Stunde hinlegen, damit sich die Stützstrümpfe leichter anziehen lassen. Laurisia versucht es trotz leicht angeschwollenen Beinen, aber es geht nicht gut. Auf einmal bemerkt sie mit Schrecken eine Verletzung. Sie hat vergessen den Fingerring auszuziehen. Frau Schöni weint und beklagt sich.

Die Wunde verheilt schlecht. Laurisia erhält eine ungenügende Qualifikation. Sie müsse sich mehr zusammennehmen in der Pflege von schwierigen und unkooperativen Patienten. Sie halte selbst einfache Regeln nicht ein und mache folgenschwere Fehler.

Wie es auch hätte weitergehen können

Meret sagt zu Laurisia, es sei wohl schwierig, eine Patientin zu pflegen, wenn die Beziehung so belastet ist. Oft geschähen dann Fehler, die man sonst vermieden hätte. Unbeabsichtigt könne sie zum Beispiel eine Patientin „vergessen" und warten lassen. Vielleicht sei es besser, wenn vorläufig eine andere Pflegerin morgens für Frau Schöni eingeteilt werde. Sie solle doch andere Gelegenheiten benutzen, um auf Frau Schöni zuzugehen, etwa beim nachmittäglichen Kaffeekränzchen oder bei den Spielnachmittagen. Sie solle sich Zeit lassen, möglicherweise ergäbe sich dann eine andere Beziehung.

Meret trifft die Tochter von Frau Schöni zu einem Gespräch und sie sprechen über die Konflikte. Ihre Mutter habe sich doch früher gerne modisch gekleidet und geschminkt. Sie verstehe nicht, wieso ihre Mutter so negativ eingestellt sei zu einer Person, die mit ihr sogar eine gewisse Ähnlichkeit habe.

Laurisia hatte nämlich schon in einer Parfümerie gearbeitet und gelernt, andere zu schminken. Sie erzählt Frau Schöni davon und sie kommen ins Fachsimpeln. Frau Schöni lässt sich gerne schminken. Laurisia nimmt sich von da an regelmäßig Zeit für Frau Schöni's Make-up. So kommt es, dass Frau Schöni sich bald am liebsten von ihr pflegen lässt.

 Erläuterung

In der Begegnung zwischen Frau Schöni und Laurisia eskalieren die gegenseitigen Gefühle von Ablehnung und Ärger. Welchen Ausweg gibt es aus diesem Teufelskreis?

Was das Verhalten einer anderen Person in mir auslöst, was mich ärgerlich oder wütend macht, hat viel damit zu tun, welche Motive und Absichten ich ihr unterstelle. Ein verletzendes Verhalten wird eher entschuldigt, wenn der Grund dafür in einer äußeren Situation oder bei Drittpersonen gesehen wird. Man erträgt besser, was man versteht und rechtfertigen kann. Ist man dagegen davon überzeugt, dass eine Partnerin einem mit Absicht das Leben schwer macht, einen behindert oder ärgert, so reagiert man eher mit Aggressionen. Frustrationen werden eher entschuldigt, wenn die Blockierung von Verhaltenstendenzen keiner Absicht, sondern z. B. ungünstigen Umständen zugeschrieben werden. Sie provozieren dann weniger Aggressionen.

Es sind also oft die Ursachenzuschreibungen („Attributionen"), die die Bewertung von Ereignissen beeinflussen und dadurch das Entstehen von Aggressionen erleichtern oder erschweren (Abbildung 11).

 Abbildung 11:
Schuldzuschreibungen können zu einer Gewaltspirale führen

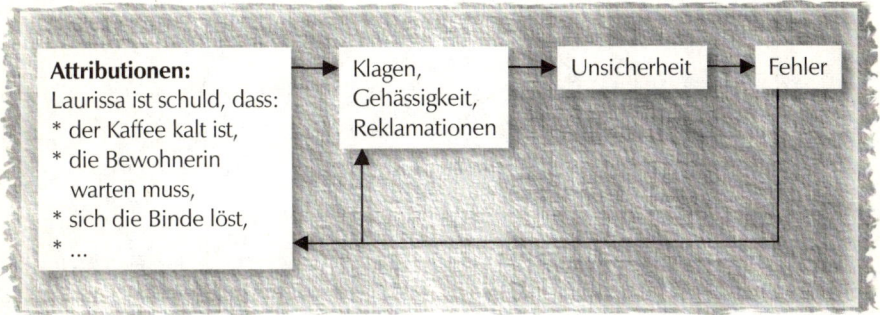

Wird einem Verhalten schädigende Absicht zugeschrieben, wird es also als Angriff auf die eigene Person empfunden, so löst es leicht eine symmetrische Reaktion des Ärgers und der Wut aus. Ob eine Mitarbeiterin auf das Verhalten einer anderen Person mit Gewalt oder verständnisvoll reagiert, ist abhängig von ihren eigenen Interpretationen. Diese individuellen Interpretationsmuster sind nicht immer bewusst. Sie können sogar in den Beziehungen der frühen Kindheit gründen. Es ist offensichtlich, welch explosiver Konfliktstoff damit in Beziehungen wirken kann, die so nahe gehen, wie die Pflege alter Menschen.

Streit um eine Fernsehsendung: Gewalt als Ergebnis eines komplexen Prozesses

Herr Rohrmann hatte sich so auf den Eintritt in das Altenheim „Stadtpark" gefreut. Er war nach dem Tod seiner Frau nicht mehr ganz mit dem Haushalt zurecht gekommen. Außerdem hatte er sich recht einsam gefühlt. Weil er noch mit seiner Frau manchmal Konzerte, Vortragsveranstaltungen und auch den Mittagstisch im „Stadtpark" besucht hatte, war die Nachfrage nach einem Heimplatz für ihn eine Selbstverständlichkeit. Innerhalb von drei Monaten konnte er einziehen.

Jetzt saß er völlig verstört in seinem Zimmer. Er hatte sogar die Türe verschlossen, denn nach diesem Vorfall wollte er von niemandem belästigt werden.

Es hatte damit angefangen, dass sein privates Fernsehgerät streikte. Weil er aber unbedingt die Übertragung eines alten Films, den er vor Jahrzehnten mit großer Freude gesehen hatte, genießen wollte, war er kurz nach 20 Uhr in den gemeinsamen Fernsehraum gegangen. Es sassen zwei andere Heimbewohner, die Herren Manser und Klein, dort, die gerade ein Tennisfinalspiel betrachteten. Herr Rohrmann hatte sie höflich gefragt, ob er ab 20.30 Uhr den Film anschauen könnte. Er war froh, dass beide zustimmten, zumal die Tennisübertragung erst gegen 21 Uhr zu Ende sein würde.

Als er dann um 20.30 Uhr den Apparat umschalten wollte, bat Herr Manser, noch einige Minuten lang das Tennisspiel laufen zu lassen, bis eine Entscheidung gefallen sei. Herr Rohrmann schmerzte es, den Anfang seines Filmes nicht sehen zu können und er brummte: „Versprechen sollten eingehalten werden!" Dann gab ein Wort das andere und der Vorfall endete in so lautem gegenseitigem Anbrüllen, dass die Altenpflegerin, Frau Schmied, darauf aufmerksam wurde.

Als Frau Schmied die drei Männer sah, befürchtete sie eine Schlägerei und zog Herrn Rohrmann als Ersten, den sie ergreifen konnte, aus dem Fernsehraum. Dabei wendete sie auch ihre körperliche Überlegenheit an, so dass ihm sein Arm jetzt noch weh tat.

▶▶ *Wie es auch weitergehen könnte*

Als er um 20.30 Uhr den Apparat umschalten wollte, bat Herr Manser, noch einige Minuten lang das Tennisspiel laufen zu lassen, bis eine Entscheidung gefallen sei. Herrn Rohrmann schmerzte es, den Anfang seines Filmes nicht sehen zu können und er brummte: „Versprechen sollten eingehalten werden!" Dann gab ein Wort das andere und der Vorfall endete in so lautem gegenseitigem Anbrüllen, dass die Altenpflegerin, Frau Schmied, darauf aufmerksam wurde. Sie trat in den Fernsehraum und erinnerte zuerst an eine vertraute Verhaltensregel des Heimes: „Für die meisten Probleme lassen sich allseits befriedigende Lösungen finden!"

Sie fragte dann: „Wo liegt denn Ihr Problem?" Die drei Männer erläuterten ihr rasch, dass sie unterschiedliche Fernsehprogramme sehen wollten und dass sie sich eigentlich vorher auf eine zeitliche Regelung geeinigt hatten, dass aber die Entscheidung im Tennis zu dem Zeitpunkt noch nicht gefallen sei, zu dem der andere Film gerade begonnen habe. Frau Schmied wusste, dass eine Heimbewohnerin auch sehr gerne Tennisspiele schaue und sie schlug vor, dass sie diese Bewohnerin zusammen mit den Herren Manser und Klein fragen wolle, ob die beiden heute den Abschluss des Spiels bei ihr verfolgen könnten. Damit waren alle einverstanden, so dass Herr Rohrmann seinen Film fast in voller Länge und in Frieden genießen konnte.

▶▶ Eine weitere mögliche Fortführung der Geschichte
Als er um 20.30 Uhr den Apparat umschalten wollte, bat Herr Manser, noch einige Minuten lang das Tennisspiel laufen zu lassen, bis eine Entscheidung gefallen sei. Herr Rohrmann wusste, mit welchem großen Interesse die Herren Manser und Klein immer Tennisspiele am Fernsehen verfolgen, so dass er vorschlug: „Ich verzichte auf fünf Minuten meines Films und Sie verzichten auf die letzten Minuten des Tennisspiels – abgemacht?" Die beiden Mitbewohner stimmten zu und nachdem die fünf Minuten verstrichen waren, ließen sie wortlos den Sender umschalten.

Erläuterung
Bei diesem Vorfall gibt es vier Akteure: Herr Rohrmann, die Herren Manser und Klein und Frau Schmied. Jeder hatte das Ereignis in seiner

eigenen Art und Weise wahrgenommen: Herr Rohrmann hatte sein durch die Absprache erworbenes Recht gesehen, das er wahrnehmen wollte; die Herren Manser und Klein wollten die angefangene Tennispartie noch zu Ende sehen, obwohl sie vorher zugestimmt hatten, die Tennisübertragung gegen 20.30 Uhr abzuschalten; Frau Schmied sah drei Männer, die lautstark miteinander argumentierten und immer lauter wurden.

In einem ersten Schritt hatte jeder der Akteure dieses Ereignis auf dem Hintergrund seiner Erfahrungen weiterverarbeitet:

Herr Rohrmann wusste, er musste rasch eine Entscheidung herbeiführen, wenn er den Film von Anfang an sehen wollte. Er wusste auch, dass es üblich ist, Versprechen einzuhalten. Also sah er sich im Recht. Außerdem hatte seine Frau eigentlich immer zugestimmt, wenn er bestimmte Fernsehsendungen vorgeschlagen hatte. Nur weil die beiden Kollegen nicht auf die letzten Minuten des Tennisspiels verzichten wollen, sollte er seinen Film verpassen! Er hatte deshalb, so wie er es gewohnt ist und eigentlich immer macht, mit lauter Stimme auf sein Recht gepocht.

Umgekehrt hatten die Herren Manser und Klein an ihre Gewohnheit gedacht, im Gemeinschaftsraum fernzusehen. Dieser neue Mitbewohner störte sie mit seinen Wünschen. Auch für sie war es klar, dass sie in einer solchen Situation nicht klein beigeben, sondern ihr Gewohnheitsrecht beanspruchen können. Allerdings war ihr Gewissen nicht ganz rein, denn sie erinnerten sich an die gemeinsame Abmachung, auf die sich der Neue eigentlich berufen konnte. Wenn sie aber nur hart genug auftreten würden, so dachten sie, würde er sich Ihren Wünschen unterordnen.

Frau Schmied kannte das Heimleitbild. Sie wusste auch, dass streitende Heimbewohner rasch getrennt werden müssen, damit sie sich nicht verletzen und damit keine überdauernde Feindschaft entsteht. Wie sie es mit ihren zwei Kindern gewohnt war, trennte sie die Streithähne erst einmal durch körperliches Eingreifen.

Eigentlich wäre es leicht möglich gewesen, sich zu einigen – und eine Vereinbarung war ja schon getroffen worden. Wie das Ablaufmodell einer potentiell aggressiven Aktion zeigt (Abbildung 12), spielen die Sozialisationserfahrungen der Akteure und das Gewaltniveau der Gesellschaft mit, in der ein Anschreien in solchen Situationen weithin akzeptiert wird, wenn es um die Fragen geht, ob und wie man reagieren sollte, welche sozialen Normen vorhanden sind, und ob diese verbale Aggression den eigenen Werten entspricht.

Wie viel besser wäre es, wenn in der Gesamtgesellschaft oder zumindest in Einheiten der Gesellschaft wie dem Altenheim mehr Wert auf einvernehmliches Aushandeln gelegt würde, wie viel besser wäre es, wenn friedfertiges Handeln als Norm gälte, wenn viele Personen Modelle für gewaltloses Handeln wären! Die beiden Fortführungen sind Beispiele, wie allgemein anerkannte Regeln und Normen und soziale Fertigkeiten des Aushandelns von Lösungen gewaltfreie Verhaltensweisen erleichtern.

Ein komplexes Bedingungsmodell der Gewalt

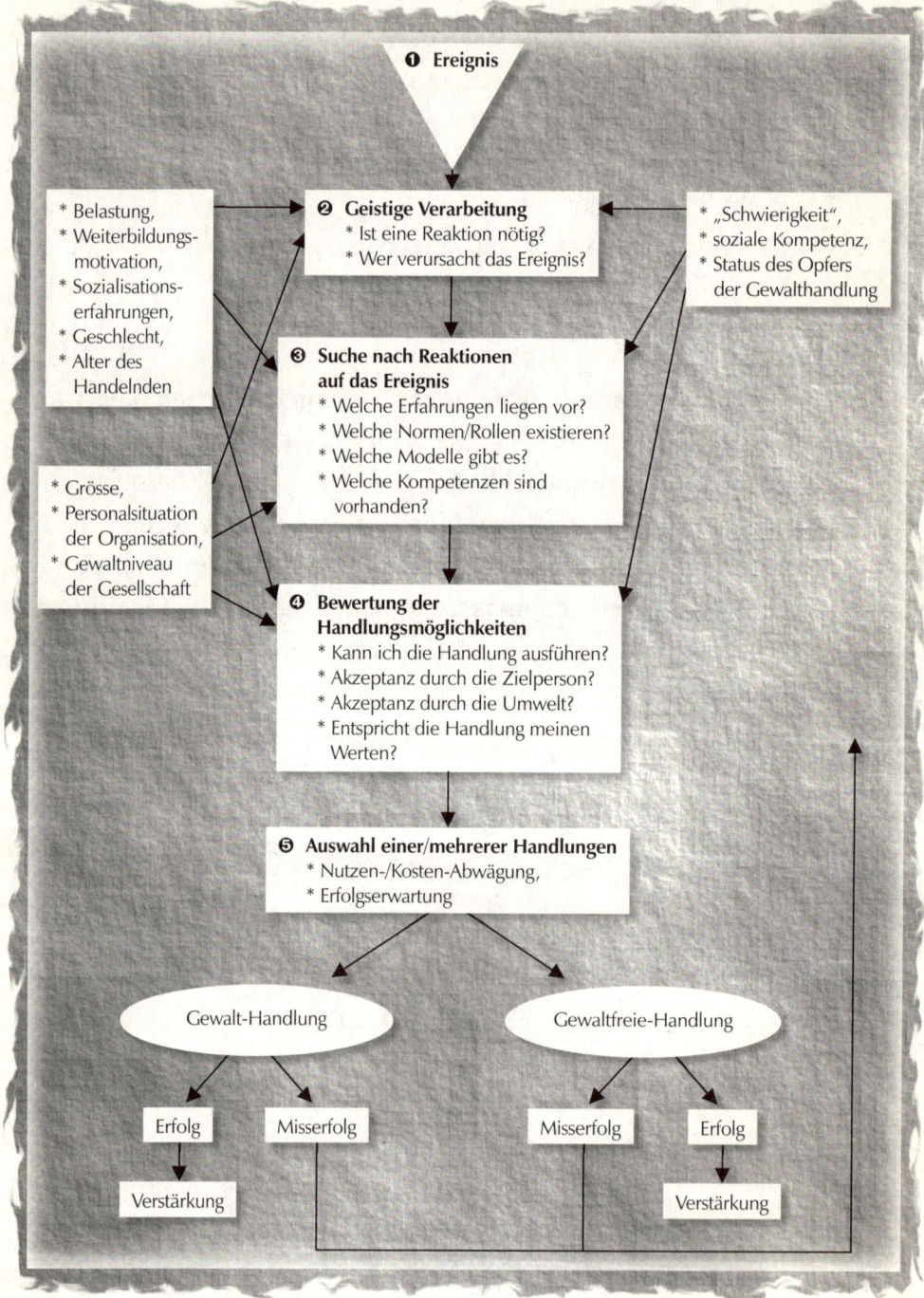

❶ Ereignis

❷ Geistige Verarbeitung
* Ist eine Reaktion nötig?
* Wer verursacht das Ereignis?

* Belastung,
* Weiterbildungs-
  motivation,
* Sozialisations-
  erfahrungen,
* Geschlecht,
* Alter des
  Handelnden

* „Schwierigkeit",
* soziale Kompetenz,
* Status des Opfers
  der Gewalthandlung

❸ Suche nach Reaktionen auf das Ereignis
* Welche Erfahrungen liegen vor?
* Welche Normen/Rollen existieren?
* Welche Modelle gibt es?
* Welche Kompetenzen sind
  vorhanden?

* Grösse,
* Personalsituation
  der Organisation,
* Gewaltniveau
  der Gesellschaft

❹ Bewertung der Handlungsmöglichkeiten
* Kann ich die Handlung ausführen?
* Akzeptanz durch die Zielperson?
* Akzeptanz durch die Umwelt?
* Entspricht die Handlung meinen
  Werten?

❺ Auswahl einer/mehrerer Handlungen
* Nutzen-/Kosten-Abwägung,
* Erfolgserwartung

Gewalt-Handlung

Gewaltfreie-Handlung

Erfolg

Misserfolg

Misserfolg

Erfolg

Verstärkung

Verstärkung

In Altenheimen wird man zuerst von den Mitarbeiterinnen erwarten, dass sie viele Formen der gewaltlosen Auseinandersetzung beherrschen und anwenden. Solche Handlungsformen werden immer mehr in der Ausbildung, in der Weiterbildung und in Teamsitzungen gelernt und diskutiert. Auch die notwendigerweise negative Bewertung von Gewalt in sozialen Beziehungen generell und in den Interaktionen zwischen Partnern im Heim speziell wird immer mehr erkannt. So kommt es, dass Mitarbeiterinnen im Prozess der Gewaltentstehung immer kompetenter ihren eigenen Regungen entgegentreten können.

In der Abbildung 12 ist die Komplexität der mit gewalttätigen oder mit gewaltlosen Handlungen verbundenen Abläufen durch fünf Teilprozesse verdeutlicht. Das Ereignis muss zunächst überhaupt wahrgenommen werden. Im Fall des Herrn Rohrmann ist das Ereignis die Tatsache, dass seine Mitbewohner die getroffene Abmachung nicht einhalten wollen; im Fall von Frau Schmied sind es die laut streitenden Männer im Fernsehraum. Dann wird beurteilt, ob überhaupt Handlungsbedarf besteht, was auch damit zusammenhängt, wer das Ereignis verursachte. Im dritten Schritt werden die Betroffenen nach angemessenen Reaktionen suchen, wobei sie sich vor allem von ihren Erfahrungen, Kompetenzeinschätzungen und Normen leiten lassen. Es folgt die Bewertung der Handlungsoptionen und die Auswahl eines Verhaltens – sei es aktiv eingreifend oder passiv zurückhaltend. Wer eine kompetente Mitarbeiterin eines Altenheimes ist, kennt diese fünf Schritte, ihre Beeinflussung durch die Akteure und die Gesellschaft und das wünschenswerte gewaltfreie Handeln.

Aber auch die Bewohnerinnen und Bewohner erfahren immer mehr schon beim Eintritt, über Heimleitbilder und über Modelle des gewaltfreien Zusammenlebens unter Mitarbeiterinnen und Bewohnerinnen, dass Gewalt keine akzeptierte und keine akzeptable Verhaltensoption darstellt. Wenn durch Training in der Ausbildung und durch korrigierende Rückmeldungen nach aggressivem Verhalten bzw. lobende Rückmeldungen nach Gewaltfreiheit dieses Handeln ohne Gewalt von den Mitarbeiterinnen und Bewohnerinnen weiter gelernt und verfestigt wird, wird das Gewaltniveau im Heim vermindert.

Eine weitere Überlegung betrifft die organisatorischen Bedingungen des Lebens im Heim. Gelegenheiten zur Zusammenarbeit und zur gegenseitigen Entlastung, Möglichkeiten, für gewaltfreies Handeln Anerkennung zu spenden, regelmäßige Sitzungen zur Information über neue Entwicklungen in der Pflege und zur Stützung von Mitarbeiterinnen mit Selbstzweifeln gerade nach aggressiven Geschehnissen sind nur einige Beispiele für Führungsmittel, die zur Verminderung von Gewalt genutzt werden können. Hier sind vor allem die Heimleitungen aufgerufen, durch organisatorische Schritte die Bedingungen im Heim für alle mit dem Ziel zu verbessern, dass friedliches Handeln erleichtert wird.

3. Teil

Modelle zur Erklärung und zum Verständnis von Gewalt und Ansatzpunkte zur Gewaltverminderung

 Wie entsteht Gewalt?

In diesen elf Geschichten von Gewalt in Alten- und Pflegeheimen hat jede Leserin, jeder Leser einige Bedingungen, die zur Gewalt führen können, kennengelernt. Als Rückschau sollen jetzt noch die Erklärungen für Gewalt, wie sie von den Sozialwissenschaften erarbeitet wurden, mit einer gewissen Systematik vorgestellt werden. Dadurch werden Fragen beantwortet wie: Wie kommt es allgemein zu Gewalttätigkeit? Gibt es vielleicht besondere Bedingungen für Gewalt gegenüber älteren Menschen?

Die theoretische Diskussion zur Gewalt ist durch fünf Perspektiven ausgezeichnet:

1. Die erste Sicht (Abbildung 13) geht von der Vorstellung der Natur des Menschen aus, die uns unweigerlich dazu treibt, immer wieder gewalttätig zu werden. So vermutete LORENZ (1966), es fließe immer wieder aggressive Energie zu. Wenn eine bestimmte Menge dieser Energie nicht mehr zurückgehalten werden könne, oder wenn Auslösereize vorhanden seien, komme es zur Entladung. Auch FREUD (1962) postu-

liert rein hypothetisch einen Aggressions- oder Todestrieb, dem wir Menschen hilflos ausgeliefert sind, den wir allenfalls auf verhältnismässig akzeptable Ziele ausrichten können. Diese Sicht wird heute von empirisch arbeitenden Aggressionsforschern eigentlich nicht mehr aufrechterhalten (z.B. SELG, MEES & BERG, 1997). Mit großer Wahrscheinlichkeit ist die rein triebtheoretische Sicht der Gewaltentstehung falsch.

▶ Abbildung 13:
Schema einer Triebtheorie der Aggression

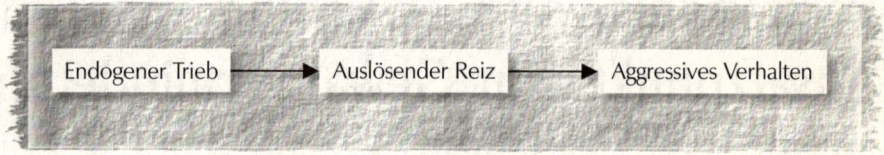

2. Die zweite Sicht sieht Aggression oder personale Gewalt abhängig von einschränkenden Erfahrungen. Die sogenannte „Frustrations-Aggressions-Hypothese" (DOLLARD, MILLER et al., 1975) betrachtet die Behinderung oder Verhinderung von eingeleiteten Handlungen („Frustrationen") als Bedingungen für die Bereitstellung aggressiver Energie (Abbildung 14). Wenn auch verschiedene (hier nicht erwähnte) Einzelheiten dieser Theorie empirisch nicht bestätigt werden konnten, kann davon ausgegangen werden, dass die Grundaussage, nämlich dass Frustrationen oft Aggressionen und Gewalt auslösen, erwiesen ist. Wenn immer eine Person in der begonnenen Ausführung von Handlungsabsichten gestört und unterbrochen wird, muss mit einer Neigung zu Gewalt gerechnet werden.

▶ Abbildung 14:
Frustrations-Aggressions-Theorie

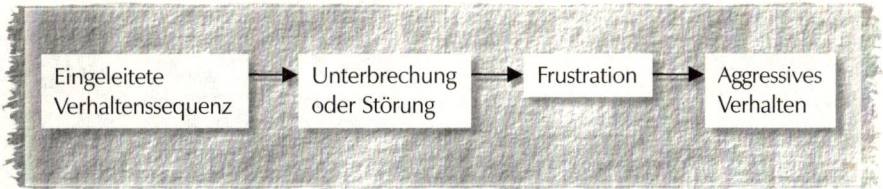

| Eingeleitete Verhaltenssequenz | → | Unterbrechung oder Störung | → | Frustration | → | Aggressives Verhalten |

3. Aus der dritten Sicht wird aggressives bzw. gewalttätiges Verhalten gelernt. Hier wird neben der Theorie des Lernens durch Verstärkung (SKINNER, 1953) vor allem die Theorie des Modell-Lernens von BANDURA (1973) wichtig, nach der über die Beobachtung eines erfolgreichen aggressiven Modells neue Verhaltensweisen gelernt, Hemmungen gegenüber aggressivem Verhalten abgebaut und aggressive Verhaltensweisen provoziert werden (s. Abbildung 7, S. 49). Diese Theorie des sozialkognitiven Lernens wird von vielen Autoren (z. B. ZILLMANN, 1979) als bestbestätigte Aggressionstheorie bezeichnet.

4. Eine vierte Sicht (Abbildung 15) bezieht geistige Prozesse in die Entstehung aggressiven Verhaltens ein. Hier ist BERKOWITZ (1969) zu nennen, der Attributionen der Schuld, der Absicht, Empfinden von Ärger, Hinweise auf aggressive Verhaltensmöglichkeiten und ähnliche Bewertungen als wichtige Zwischenstadien zwischen der Wahrnehmung von Reizen und der aggressiven Aktion betrachtet. Dabei können auch Rollenbeziehungen (FELSON, 1981), gesellschaftliche Werte, erwartete Belohnung oder Bestrafung oder die Verfügbarkeit anderer Verhaltensweisen (ZILLMANN, 1979) wichtig sein.

► Abbildung 15:
Gewalt als Ergebnis kognitiver Prozesse

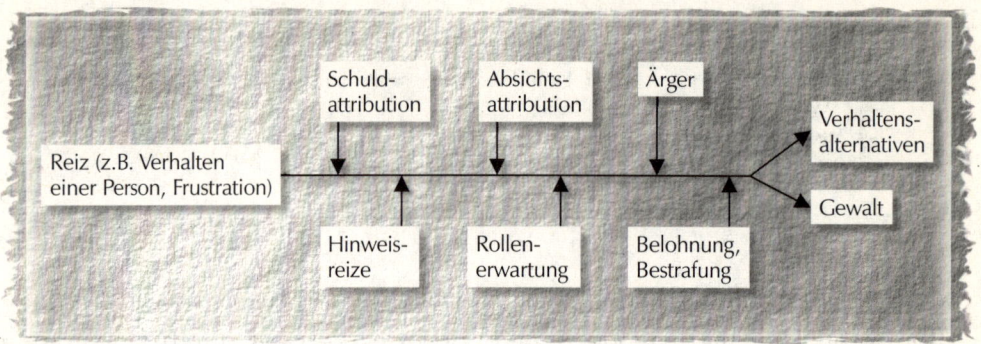

5. Schließlich kann man von einer fünften Sicht sprechen, die aggressives oder nichtaggressives Verhalten als Ergebnis eines individuellen Prozesses von der Wahrnehmung eines Ereignisses über seine Bewertung, die Suche nach angepassten Reaktionsformen und deren Bewertung sieht (SCHNEIDER, 1995; s. Abbildung 12, S. 35, Abb. 16). Dabei werden individuelle, soziale und gesellschaftliche Bedingungen benannt, die bei Versuchen zur Verhinderung von Gewalt betrachtet werden müssen.

Aus solchen Vorüberlegungen werden komplexe Modelle des Entstehens von Gewalt vorgeschlagen, von denen eines in der Abbildung 17 wiedergegeben ist. Solche Modelle zeigen, wie Eigenschaften der Person, die durch Erlernen von Gewaltformen, durch Interpretationsmuster für Verhalten, durch Erwartungen, wie in entsprechenden Situationen zu reagieren ist, durch Werte, aber auch durch Eigenschaften der Gesellschaft, die mehr oder weniger Gewalt toleriert, und Eigenschaften der Situation zu eher gewaltträchtigem oder eher gewaltlosem Verhalten beitragen. Wieviel Gewalt also im Umgang mit älteren Menschen in der Familie und in öffentlichen Einrichtungen praktiziert wird, hängt auch von dem Gewaltniveau der Gesamtgesellschaft ab. Wenn dort positive Veränderungen erreicht werden, wird auch die Gewalt im Zusammenhang mit Alten vermindert.

► Abbildung 16:
Aggression als Ergebnis eines Informationsverarbeitungs-Prozesses in der Person

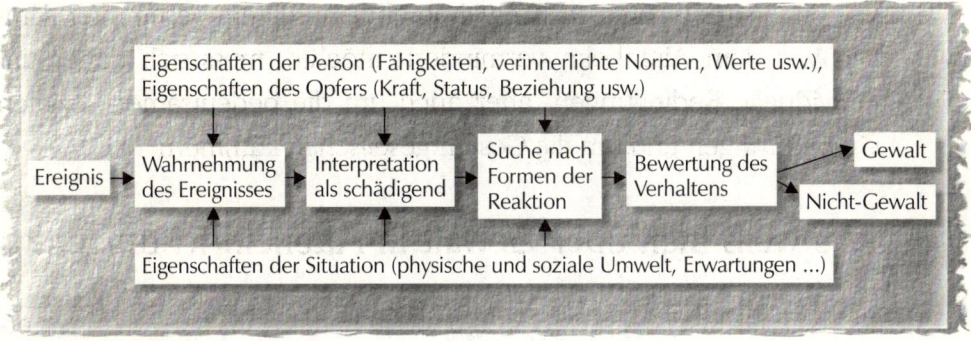

► Abbildung 17:
Beispiel eines komplexen Erklärungsmodells der Gewaltentstehung

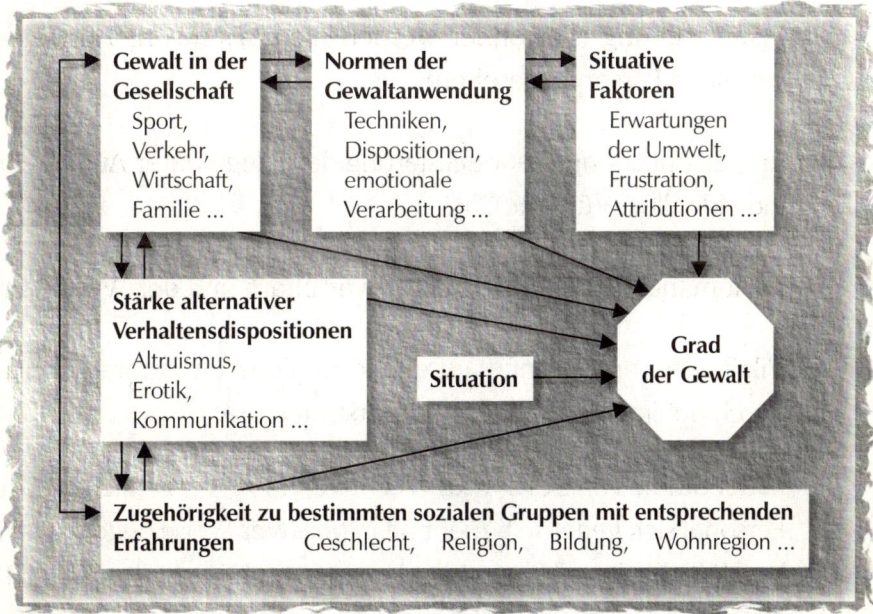

Nach diesem kurzen Überblick über Theorien der Entstehung von Aggression und Gewalt sehen wir, dass Gewalt abhängt von zurückliegenden Erfahrungen mit Gewalt oder mit prosozialem und weiterem Verhalten, von gesellschaftlichen Normen und von Werten, die in der Gesellschaft vertreten und von ihren Mitgliedern verwirklicht und unterstützt werden. Wer das Gewaltpotential in einem bestimmten Umfeld wie dem Altenheim vermindern möchte, muss sich daher um individuelle Bedingungen, aber auch um die bedeutsamen sozialen Gruppierungen und um die Gesamtgesellschaft kümmern.

Was weiß man über Gewalt in Alteneinrichtungen?

REYNOLDS & STANTON (1983) berichten, dass 89% der von ihnen erfassten Altenpfleger (von 500 Angeschriebenen antworteten 40%) von Misshandlungen in Alten- und Pflegeheimen wissen. Phillipson (1993) zitiert vier Kategorien von Gewalt gegen Bewohner von Alten- und Pflegeheimen:

1. Infantilisierung (Bewohner werden nicht als für ihr Handeln verantwortliche Personen gesehen).

2. Entpersönlichung (Rationalisierung der Pflege unter Außerachtlassung individueller Wünsche).

3. Dehumanisierung (Entzug der Privatsphäre und der Würde) und

4. Viktimisierung (Angriffe auf die körperliche und moralische Integrität durch Schimpfen, Drohen, Körperstrafen usw.).

In der Studie von SCHNEIDER & SIGG (1990) fiel zunächst auf, dass das Personal sich gegenseitig sehr oft in positiver Weise begegnet. Hier spielen Höflichkeit und Menschlichkeit eine wichtige Rolle. Das trifft – wenn auch etwas weniger stark – ebenso auf das Verhalten der Mitarbeiterinnen gegenüber den Bewohnerinnen zu. Weiter abgeschwächt, aber noch wichtig ist, dass auch die Bewohnerinnen untereinander und gegenüber dem Personal freundlich und lieb sind.

Neben diesem prosozialem Verhalten tritt aber in den Heimen auch Gewalt auf. Nach den Berichten der Befragten wenden die Bewohner gegenüber anderen Bewohnern, gegenüber dem Personal, wie aber auch das Personal untereinander und gegenüber den Bewohnern gelegentlich Gewalt an. Es wird deutlich, dass verbale Gewalt am häufigsten vorkommt. Dagegen wird seltener von schädigenden Handlungen berichtet. Wenn aber einige Zielpersonen schon in einer einfachen Befragung von Schlagen, Vernachlässigung und sogar von sexueller Gewalt berichten, könnten solche Formen in Wirklichkeit noch häufiger auftreten. Gewalt gehört also auch zur Realität von Alten- und Pflegeheimen.

Abbildung 18:
Hypothetisches Modell der Gewalt in Alterseinrichtungen

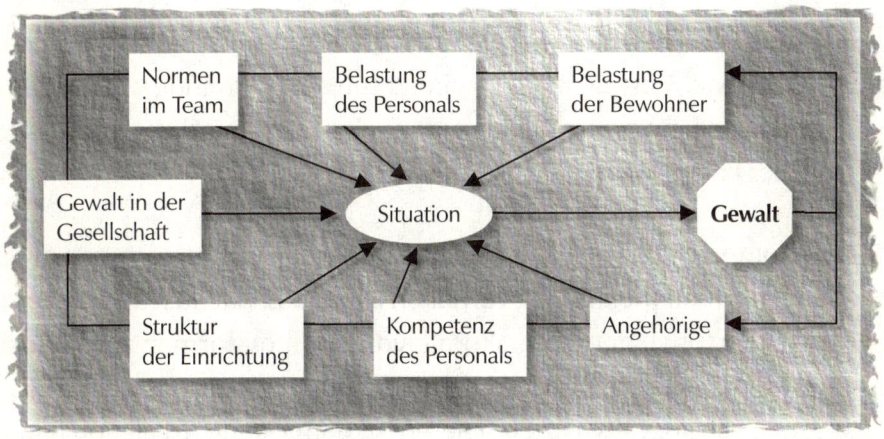

Als Eigenschaften des Personals, die besonders oft mit Gewalttätigkeit verbunden sind, stellten sich heraus: geringe Zustimmung zum Heim, Unzufriedenheit mit der Arbeit, hohe Arbeitsbelastung, geringe Lebenszufriedenheit und geringe Bereitschaft zur Weiterbildung. Als kritische Bewohnermerkmale manifestierten sich Verwirrtheit, geringe soziale Kompetenz, geringes Verständnis für die Lage des Personals. Zusätzlich wirkten Umweltmerkmale wie große Heime mit vielen Bewohnern, mit viel Personal und mit großer Arbeitsspezialisierung. Deutlich war zudem, dass Gewalt beim Personal die Gewalt unter den Bewohnern förderte und umgekehrt. Aus solchen Studien lässt sich ein Gewaltmodell entwickeln, wie es in Abbildung 18 zusammengestellt ist.

Wenn einige der erwähnten Eigenschaften von Personal, Heimstruktur und Gesellschaft zusammentreffen, ist mit mehr oder weniger Gewalt als Reaktionsform auf konkrete Situationen zu rechnen. Die Beeinflussung des Personals, der Heimstruktur und der Gesellschaft in Richtung auf geringere Gewaltnähe wird dagegen die Wahrscheinlichkeit des Auftretens von Gewalt vermindern.

 ## Wo lässt sich ansetzen, wenn man Gewalt vermindern will?

Aus den verschiedenen Konzepten lassen sich mehrere Ansätze ableiten, wie Gewalt in Alteneinrichtungen vermindert werden könnte. Nach allen vorangehenden Überlegungen sind diese Voraussetzungen hier knapp vorgestellt:

1. Kompetentes Personal. Personal, das weiß, wie es sich auch in schwierigen Situationen richtig verhalten kann, d.h. gut aus- und weitergebildetes Personal, hat mehr alternative Handlungsformen zur Verfügung, so dass es seltener zur Gewalt greifen muss. Außerdem weiß dieses Personal, wie auf Gewalt zu reagieren ist, damit keine Eskalation feindseligen Verhaltens erfolgt. Es gestaltet die Lebensbedingungen der Alten und der Mitarbeiterschaft wie auch die baulichen und sozialen Strukturen so, dass Aggressionen nicht gefördert werden.

2. Normen der Gewaltlosigkeit. Wenn in der Gesamtgesellschaft, aber auch im Privatleben, in der Alteneinrichtung und im Pflegeteam die strikte Regel gilt, nicht gewalttätig zu handeln, also nicht absichtlich Bewohnerinnen und Kolleginnen zu schädigen, wird weniger Gewalt herrschen. Das trifft besonders dann zu, wenn konsequent und aus-

nahmslos gegen Gewalt eingeschritten wird. Dazu muss sie erkannt und angesprochen werden, was eine Sensibilisierung von Personal, Bewohnern und Angehörigen hinsichtlich Gewalt im Sprechen und im Tun z. B. in den regelmäßigen Teamsitzungen voraussetzt.

3. Strukturen der Gewaltlosigkeit. Normen der Gleichheit unter dem Personal und den Bewohnern verhindern strukturelle Gewalt. Immer wenn die Gefahr besteht, dass sich Regeln entwickeln, nach denen einzelne Personen weniger Macht und weniger Entwicklungschancen haben als andere, liegt Gewalt vor. Es ist also auch eine Sensibilisierung für Ungleichheiten nötig. Das ist besonders wichtig für Bedingungen, in denen die Ungleichheit seit langem existiert und als eine Selbstverständlichkeit erscheint. Zu den strukturellen Bedingungen zählt auch die Ausstattung der Einrichtungen mit Personal, Arbeitsmitteln und räumlichen Gegebenheiten. Eine Gesellschaft, die für ihre altgewordenen Mitglieder nur wenige Mittel bereitstellt, nimmt neben anderen ungünstigen Auswirkungen auch Gewalt in Kauf.

4. Modelle der Gewaltlosigkeit. Da die Theorie des Modell-Lernens Gewalt am besten erklären kann, sollte auf gewaltloses Handeln in kritischen Situationen immer aufmerksam gemacht werden, weil dann auch andere Mitarbeiterinnen und Bewohnerinnen nichtaggressives Handeln lernen können. Außerdem sollten statushohe Personen wie Ärztinnen und Heimleiterinnen gegenüber allen Partnern ausnahmslos gewaltfrei handeln.

5. Verminderung der Gewalt in der Gesellschaft. Wenn in der Politik, in Sport und Spiel, in Beruf und Freizeit Gewalt allgegenwärtig ist, kann sie leicht auf die Beziehungen in Alteneinrichtungen überspringen. Daher ist es gut, wenn gewaltlose politische Auseinandersetzungen stärker beachtet und belohnt werden als Aggressionen, wenn gewaltlose Spiele anstelle von Wettbewerbsspielen praktiziert werden und wenn auch die Wirtschaft und die Freizeit mehr als bisher unter Werten der Unterstützung und Solidarität und nicht der Konkurrenz und des individuellen

Nutzens funktionieren. Diese Beispiele können auf weitere Lebensbereiche übertragen werden. Je mehr die Mitglieder unserer Gesellschaft die Gewaltlosigkeit als Kommunikationsform lernen, desto weniger Gewalt wird auch in Alten- und Pflegeheimen anzutreffen sein.

Wie können einzelne Personen zur Gewaltverminderung beitragen?

Bisher wurde durch Hinweise auf gesellschaftliche Bedingungen, auf Strukturen und auf äußere Grenzen der soziale Einfluß auf Gewalt betont. Neben dieser oft vernachlässigten Sichtweise sind individuelle Faktoren wie Einstellungen, Wissen, Fähigkeiten, Motive selbstverständlich auch wichtig. In den folgenden Überlegungen werden einige Anregungen präsentiert, wie die Heimleitung und die Mitarbeiterinnen durch die Beachtung einiger Prinzipien Gewalt bei sich und anderen vermeiden können. Diese Prinzipien stellen jedoch überhaupt keine vollständige Auflistung aller denkbaren Grundsätze dar; sie sollen nur anregen, darüber nachzudenken, wie durch gezieltes Verhalten Gewaltbedingungen beeinflusst werden können.

1. Stop dem Automatismus der Gewalt. Manche Denkabläufe und Handlungsweisen nehmen im Laufe der Zeit einen mehr oder weniger automatischen Verlauf, wobei sich die beschrittenen Verhaltensmuster bei jedem neuen Ablauf verstärken und noch mehr automatisieren. So kann es eine automatisierte Reaktion werden, bei Streit zwischen Heimbewohnern mit lauter Stimme und Schimpfen zu reagieren. Dabei können sich die auslösenden Faktoren und die ursprünglich sinngebenden Reaktionen weitgehend entkoppeln. Der Zusammenhang mit dem Reaktionsablauf geht dann verloren. Wird man sich der Automatismen bewusst, lässt sich mit einiger Geduld lernen, auf die Abläufe zu achten und die automatische Ingangsetzung der Mechanismen zu unterbrechen. Dabei können Schlüsselstellen als Warnsignale identifiziert werden und die Bewusstmachung einleiten, welche längerfristig den

automatisierten Ablauf unterbrechen. Durch den Unterbruch im Automatismus entsteht sozusagen eine Denkpause, die eine andere, neu gesuchte und überdachte Handlungsweise zum Zug kommen lassen kann.

Beispiele aus unseren Geschichten

In den „Schwelbränden" klagt Frau Schweiger über Schmerzen. Schwester Norma bietet ihr regelmäßig Schmerzmittel an. Dabei werden Frequenzen und Dosierung immer weiter gesteigert, ohne dass nach den Auslösern für die Schmerzen gefragt wird. Schlüsselstelle wäre das Klagen der Bewohnerin über ihre Schmerzen.

Jede Unbill, welche Frau Schöni in „Laurisia macht alles falsch" erlebt, schreibt sie der jungen Schwesternschülerin Laurisia zu. So wird diese in der Regel mit Vorwürfen empfangen, worauf sie mit Blockierung reagiert und in der Folge wirklich Fehler begeht. Wird der Schülerin das Verhalten der Bewohnerin erklärt, so dass diese realisiert, dass die Vorwürfe zwar mit ihrem Alter und ihrer geringen Berufserfahrung, nicht aber mit ihrer Person zu tun haben, kann sie anders als mit Blockierung reagieren. Schlüsselstelle sind die Vorwürfe der Bewohnerin.

2. Beim Positiven ansetzen. Konstruktive Kritik ist in der Regel schwer. Ebenso ist es für viele Menschen sehr schwer, Kritik anzunehmen und sich nicht gekränkt zurückzuziehen. Besonders schwer kann Kritik ertragen werden, wenn eigene sehr hohe Ansprüche vorhanden sind und die Unvollkommenheit der eigenen Taten betont wird. Überdies können Veränderungen beträchtliche Ängste auslösen, gilt es doch, vertraute Pfade zu verlassen und sich mit neuen, unerprobten Handlungsweisen auseinanderzusetzen. Experimente brauchen Mut, der nicht allen im gleichen Maße gegeben ist.

Oft können die Schwellen gegen die Annahme von Kritik gesenkt werden, wenn zuerst die Stärken betont werden, wenn gefragt wird, was jeder auf Grund seiner Persönlichkeit und seiner besonderen

Begabungen beitragen kann. Auch gemeinsame Ziele, der gemeinsame Einsatz und die gemeinsame Nutzung von Ressourcen jedes Einzelnen können ganz neue Wege eröffnen und mithelfen, Fehler zu vermeiden. Da jeder Mensch eine Fülle positiver Eigenschaften verkörpert, kommt es nur darauf an, die neue Blickrichtung des Positiven zu übernehmen.

Beispiele aus unseren Geschichten

Die Oberschwester in „Die heimlichen Problemlöser" kritisiert die ihrer Meinung nach zu lange Zeit zwischen dem Klingelzeichen, das Herr Kuhl abgibt, und dem Erscheinen von Schwester Silvia. Unbesehen aller Umstände formuliert sie ihre Kritik auf eine Weise, dass Schwester Silvia sich ungerecht behandelt fühlt und für sich ebenfalls mit Beschuldigungen gegen die Oberen reagiert.

Im Spätdienst kommt es erneut zum Zerwürfnis, denn die Schwester reagiert Herrn Kuhl gegenüber ungehalten und speist ihn mit dem Hinweis auf andere Pflichten ab. Darüber hinaus verweist sie auf die Ehefrau des Bewohners mit der sarkastischen Nachfrage, wie diese es bloß ausgehalten hätte. Schließlich macht sie den Bewohner handlungsunfähig, indem sie kurzerhand die Klingel abstellt. Vielleicht ließe sich auch mit diesem anspruchsvollen Bewohner ein angenehmeres Auskommen finden, wenn man zuerst seine positiven Eigenschaften beachtet und erwähnt und ihn dann um Verständnis und um einen kurzen Aufschub bittet, wenn man ihm auch erklärt, warum man nicht immer unmittelbar auf seine Bedürfnisse eingehen kann. Die beleidigende Bemerkung über die Ehefrau verletzt lediglich. Sie ist ungerecht und führt zur weiteren Eskalation. In einer vergleichbaren Situation könnte im Teamgespräch nach Ressourcen gesucht und ein anderer Umgang mit dem zweifellos schwierigen Bewohner gefunden werden.

3. Fehlerkultur gegen Schuldgefühle. Eine Fehlerkultur geht oft von den Vorgesetzten und von den Mitarbeiterinnen aus: Wie auf Fehler reagiert wird, bestimmt den weiteren Umgang mit gleichen und anderen Feh-

lern. Wenn es allen vertraut ist, dass Fehler nicht vertuscht, sondern eingestanden werden können, eventuell versehen mit einer passenden Entschuldigung an die Betroffenen oder mit Vorschlägen für Verbesserungen, muss sich niemand mehr seiner begangenen Fehler schämen. Der Weg für konstruktive Zusammenarbeit ist offen und erlaubt häufig auch die Vermeidung von Fehlern. Eigene Fehler einzugestehen, ist weitaus besser und konstruktiver als andere Personen zu beschuldigen. Wenn eingetretene Fehler erkannt werden, sollte immer das Augenmerk auf Verbesserungen und kreative Veränderungen gerichtet werden. Es hilft mehr, die Umstände, die zu den Fehlern geführt haben, zu verstehen und nach früh erkennbaren Merkmalen im Ablauf zu suchen, als nach Schuldigen zu fahnden. Aus Fehlern kann man schließlich auch lernen. Dafür sollte Gelegenheit geboten werden, wenn nötig mit geeigneter Unterstützung.

 ## Beispiele aus unseren Geschichten

Die Oberschwester in „Die heimlichen Problemlöser" bemängelt vorwurfsvoll die Verzögerung, bis Schwester Silvia reagiert. Es gelingt ihr nicht, konstruktiv mit dem potentiellen Fehler umzugehen. Sie beschränkt sich auf Schuldzuweisung und erzeugt prompt Frustration und Aggression, die sich jetzt auf die Oberen im Allgemeinen bezieht.

Unter „Wie diese Geschichte weiterging" wird ein Beispiel einer konstruktiven Atmosphäre im gemeinsamen Gespräch und ohne gegenseitige Vorwürfe gezeigt. Dort stellt sich eine deutliche Entspannung der Situation ein, so dass gemeinsam nach Lösungsmöglichkeiten gesucht werden kann.

Eine andere Fortführung der Geschichte „Schluss mit dem Gejammer" dokumentiert, wie die Heimleitung ihr Verständnis gegenüber den Angehörigen ausdrückt und damit Vertrauen schafft, das zur gemeinsamen Suche nach Verbesserungen genutzt werden kann. Dazu bietet sie wiederum Hilfestellung. In der Tat kommen wesentliche Verbesserungen zustande, von denen alle Beteiligten profitieren, vorab der schwierige Bewohner.

Die Praktikantin Anna plagt sich in „Sparen hat seinen Preis" mit Selbstvorwürfen, allenfalls in der Pflege eines schwer kranken Bewohners versagt zu haben. Anstatt dass Raum für klärende Gespräche geboten wird und die sehr verantwortungsbewusste junge Frau Entlastung und Hilfestellung in der Verarbeitung eines Todesfalles findet, wird sie mit ihren Versagensängsten allein gelassen, was sie zur Aufgabe des Berufswunsches führt.

4. Die strukturellen Rahmenbedingungen der Institution abklopfen. Wichtig ist immer die realistische Einschätzung der Grenzen, damit die gebotenen Freiräume auch optimal genutzt werden können und nicht eine Selbstbeschränkung den Handlungsspielraum zusätzlich einengt. In der Regel sehen wir nur einen kleinen Teil der in Strukturen möglichen Handlungsformen. Die regelmäßig gestellte Frage: „Welche Handlungsweise steht mir außerdem noch offen?" kann sehr oft zu unerwartet hilfreichen Antworten führen.

Zusätzlich lohnt es sich, immer wieder die Frage zu stellen, welche Argumente gegen einen ungewohnten Lösungsversuch sprechen. Sind diese wirklich sachlich und stichhaltig, oder versteckt man sich allzu schnell – vielleicht aus Bedenken gegenüber ungewohnten Wegen und aus Unsicherheit – hinter strukturellen Grenzen oder hinter der angeblichen Undurchführbarkeit ungewohnter Strategien? Genaue Kenntnis der Strukturen und ihrer Organisation sowie der möglichen Einflussnahme helfen mit bei der Entscheidung, was innerhalb des gesteckten Rahmens getan werden kann. Unkonventionell zu denken, ermöglicht oft eine intensivere Nutzung innerhalb der gegebenen Strukturen, unerwartete Problemlösungen und mehr Befriedigung.

Beispiele aus unseren Geschichten

In der Geschichte „Liebe ist die beste Medizin" muss der bedingungslose Treueanspruch des Ehemannes hinterfragt werden, bevor eine Reaktion auf die Beziehung, welche zwei demente Bewohner miteinander eingehen, erfolgt. Sollen die gesellschaftlichen Normen wirklich so eng interpretiert werden, wie es der verletzte Ehemann tut, oder gibt es andere Sichtweisen?

Eine wesentliche Entlastung der angespannten Situation entsteht in „Die heimlichen Problemlöser" durch einige relativ geringfügige Veränderungen der bestehenden Strukturen: Einmal wird Herrn Thaler, der seit langem allein gelebt hat, ermöglicht, ein Zimmer allein zu bewohnen. Daneben wird ihm etwas mehr Freiheit eingeräumt, indem er nicht alle Mahlzeiten im Speisesaal einnehmen muss. Er kümmert sich fortan selber um seinen Frühstückskaffee und erhält die Abendmahlzeit (selbstverständlich gegen ein Entgelt) ins Zimmer serviert. Dafür nimmt er regelmäßig an den gemeinsamen Mittagessen teil. Kleine Auflockerungen der strukturellen Gegebenheiten führen so zu allgemeiner Zufriedenheit, zu mehr Individualität und zu besserer Lebensqualität mindestens zweier Bewohner.

Das Heim in „Lasst mich raus" ist nicht für die demente Bewohnerin eingerichtet. Es müsste eine Abteilung mit anderer Infrastruktur gesucht werden. Ist eine geeignete Abteilung nicht zu finden, lassen sich kurzfristig keine Verbesserungen realisieren (Verbesserung des Sicherheitsaspektes, räumliche Abtrennung) und stehen zudem keine zusätzlichen finanziellen Mittel für außerordentliche Betreuung zur Verfügung, so ist es unter dem durch die personelle Unterbesetzung gegebenen Druck schwer möglich, Verbesserungen einzuführen. Eine geringfügige Verbesserung wird immerhin dadurch erzielt, dass die Bewohnerin vermehrt mitgenommen wird. Dadurch wird sie intensiver beaufsichtigt und vermehrt beschäftigt. Ihre Unruhe legt sich etwas.

In einer so belasteten und personell engen Situation, wie sie in „Sparen hat seinen Preis" geschildert wird, ist es schwierig, rasch effiziente Lösungen zu finden. Gemeinsame Gespräche der Pflegenden mit Leitung und Verwaltung und eventuell Anpassung der Bettenzahl an die personelle Situation könnte hier eine gewisse Entlastung bedeuten. Allenfalls müsste auch das Gespräch mit den Politikern gesucht werden, um an der Problematik grundsätzliche Veränderungen zu erreichen.

5. Soziale Unterstützung holen und mit dem eigenen Engagement haushalten. In der Pflege und Betreuung gewaltreduzierend zu arbeiten, setzt anspruchsvolle Anforderungen und einen hohen Bewusstseinsgrad der Pflegenden voraus. Wird – wie es die Regel ist – im Team gearbeitet, gilt es, die Vorteile des Teams zu nutzen und alle anfallenden Aufgaben aufzuteilen. Besonders wichtig ist die Ausarbeitung gemeinsamer Zielsetzungen und die Befolgung der festgesetzten Ziele. Es soll regelmäßig darüber ausgetauscht werden, wie die einzelnen Teammitglieder mit ihren Teilaufgaben zurecht kommen, damit allfällige Korrekturen vorgenommen und Ressourcen optimal genutzt werden. So lassen sich auch Verschleisserscheinungen frühzeitig erkennen und vermeiden. Verfolgen alle das gleiche Ziel, sind gegenseitige Blockierungen selten. Die Kräfte werden nicht im Widerstand gegen Mitarbeiter gebunden. Die gemeinsame realistische Zielsetzung motiviert zusätzlich. Das Gefühl: „Gemeinsam sind wir stark" aktiviert weitere Kräfte.

Beispiele aus unseren Geschichten

In vielen Geschichten werden erfolgreiche Lösungen durch Angehörige mehrerer Berufe erarbeitet. Nicht eine Mitarbeiterin versucht, ein Problem zu entflechten, sondern in der Zusammenarbeit mit Kolleginnen und Kollegen gelingt das. So arbeiten in „Das schwarze Schaf" Heimärztin, Stationsschwester, Angehörige und Bezugsperson zusammen, um akzeptable Lebensbedingungen für Herrn Kuhl zu entwickeln. In „Schluss mit dem Gejammer" sucht das gesamte Pflegeteam zusammen mit der Ärztin nach einer Lösung. In „Unruhige Zeiten" heißen die

Angehörigen, das Pflegeteam und die Bewohnerinnen Frau Blumer in einer neuen Umgebung willkommen.

6. Gespräche bewusst führen. Viele Gespräche werden spontan geführt ohne genaue Reflexion, welche Inhalte wem in welcher Form und mit welchem Zweck zu vermitteln sind. Eigene Gefühle von Frustration, Schuld, Ärger usw. und eigene Wünsche und Ziele sind in unseren Gesprächen enthalten. Es kommt zur Vermischung von Tatsachen, Vermutungen und Interpretationen, zu Unterstellungen und Klatsch. Dies kann beim Gesprächspartner negative Gefühle und negative Reaktionen auslösen.

Wichtig ist es, sich zuerst über die eigenen Gefühle und Wünsche klar zu werden, die Form und die Inhalte der Gespräche, besonders in heiklen Situationen, ganz bewusst zu wählen und den Stellenwert aller geplanten Aussagen zu klären. So lassen die eigentlichen Tatsachen und Probleme sachlich und ohne Schuldzuweisungen herausschälen. Damit können auch die Gesprächspartnerinnen auf die verborgenen Zusammenhänge und Tatsachen gelenkt werden. Die Gewaltspirale kann unterbrochen werden und konstruktive Lösungen können beginnen.

Beispiele aus unseren Geschichten
In der Geschichte „Liebe ist die beste Medizin" wird in der zweiten Variante von der Heimleitung via Hauspsychiaterin das sachliche, informative Gespräch gesucht, welches dann zu einer gewaltfreien Lösung führt, denn der Ehemann akzeptiert schließlich die neue Beziehung von Frau Ullmann zu Herrn Dittmer.

In „die heimlichen Problemlöser" konnte in der letzten Version eine Schwesternschülerin durch ihr offenes Gespräch mit der Abteilungsleitung bewirken, dass diese ihrerseits in einer sachlichen und ehrlichen Diskussion mit Herrn Thaler die Schwierigkeiten besprach, so dass Misstrauen und die ganze Gewalteskalation schon im Keim erstickt wurden.

In der Geschichte „Das schwarze Schaf" finden sich im ersten Teil von Mitarbeitern, von Heimleitung, von Herrn Kuhl und auch von Mitpatienten Vorwürfe und Schuldzuweisungen, welche die Gewaltspirale nur verschlimmern. Dann aber wird in beiden möglichen Fortsetzungen ganz gezielt von der Stationsschwester bzw. von der Heimärztin das Gespräch gesucht, wobei die Mitarbeiter bewusst auch ihre Gefühle äußern können. Darauf werden im Gespräch ohne Unterstellungen sachlich die Tatsachen herausgearbeitet und davon ausgehend wird nach möglichen Lösungen gesucht.

Auch in der Geschichte „Unruhige Zeiten" zeigt sich ganz deutlich, wie eine bewusste Gesprächsführung sehr viel zur Verhinderung oder zur Reduktion von Gewalt beitragen kann: die bewusste Gesprächsführung der Betreuenden mit den Angehörigen (in der zweiten Version) kann Wut, Ärger und böswillige Unterstellungen von vornherein vermeiden.

In „Streit um eine Fernsehsendung" schlägt Herr Rohrmann eine Lösung vor, die von beiden Seiten einen kleinen Verzicht fordert. Solche ausgeglichenen Bilanzen, bei denen nicht eine Seite als Sieger und die andere Seite als Verlierer dasteht, haben sich sehr oft als eine von beiden Seiten akzeptierte Lösung erwiesen.

7. Durch schnelle Erfolge vom richtigen Weg überzeugen. Viele Situationen erscheinen uns so schwierig und so unüberwindlich, dass wir überhaupt keinen Sinn darin sehen, etwas daran ändern zu wollen und nach irgendwelchen Alternativen, nach Lösungen zu suchen. Schlägt dann jemand eine Neuerung vor, wird diese oft von den Anderen von vornherein abgelehnt, weil sie nur neue Probleme und Schwierigkeiten sehen, auch aufgrund bisheriger negativer Erfahrungen. Erst ein sichtbarer Erfolg könnte vom Gegenteil überzeugen.

Maßnahmen zur Reduktion von Gewalt sind aus vielen kleinen Teilen und aus verschiedenen Schritten zusammengesetzt. Darunter gibt es einfach umsetzbare, bei denen schon bald ein Erfolg zu erwarten ist; andere dürften erst längerfristig zu einem Erfolg führen. Mit Rückschlägen ist immer zu rechnen. Deshalb ist es sinnvoll, dass wir mit allen Beteiligten eine genügend lange Erprobungsfrist vereinbaren und mit einer rasch umsetzbaren Maßnahme beginnen, die von allen positiv erlebt wird. Durch erste Erfolge können dann Misstrauen und Skepsis abgebaut und die Kolleginnen überzeugt werden, weiter an dem vereinbarten Plan zu arbeiten.

 ## *Beispiele aus unseren Geschichten*
In der Geschichte „Die heimlichen Problemlöser" wird in der letzten Variante als erste leicht umsetzbare Maßnahme Herrn Thaler ein Einzelzimmer in Aussicht gestellt und damit die Situation schon so entschärft, dass weitere Maßnahmen von allen Seiten auch akzeptiert werden können.

In „Laurisia macht alles falsch" führt ein – leicht durchführbares – Gespräch übers Schminken zu einem ersten raschen Erfolg, der die verhärteten Positionen lockert und beiden, Laurisia und Frau Schöni, Mut gibt, die Beziehung zu verbessern.

In „Unruhige Zeiten" nimmt die Häufigkeit von Frau Blumers Rufen rasch ab, nachdem sie eine Pflegerin bei ihren Aufgaben begleiten kann. Dieser rasche Erfolg führt die Mitarbeiterinnen dazu, ihr Verhältnis zu Frau Blumer neu zu sehen, einen Perspektivenwechsel vorzunehmen und sich zu bemühen, Frau Blumer Lebensbedingungen zu bieten, in denen sie weniger unter ihren Defiziten leidet.

8. Je länger der Weg, desto langsamer der Schritt. Viele Situationen sind sehr komplex und es braucht lange Wege über manche Hürden, bis sich eine Lösung in Richtung auf eine Gewaltreduktion abzeichnet. Oft ist es nicht ohne weiteres möglich, den richtigen Ansatz zu finden. Es müssen verschiedene Möglichkeiten ausprobiert werden, bis die richtige gefunden ist. Wer ungeduldig einen sofortigen Erfolg erwartet, überfordert sich und andere, ist bald enttäuscht und gibt auf. (Diese Überlegung

steht nicht in Widerspruch zum vorangegangenen Merksatz von den schnellen Erfolgen, sondern sie ergänzt ihn.)

Um diese Überforderung und den Abbruch von Veränderungsversuchen zu vermeiden, ist es wichtig, dass wir uns alle darüber klar sind, dass sich ein Erfolg nicht sofort einstellen kann. Lösungswege müssen längerfristig geplant und in geeigneten kleinen Schritten durchgeführt werden. Es muss allen bewusst sein, dass wir vielleicht nicht von Anfang an die richtige Lösung finden und mit Rückschlägen rechnen müssen, dass wir deshalb nicht die Geduld verlieren dürfen, sondern weiterfahren oder nochmals anders ansetzen müssen.

Beispiele aus unseren Geschichten

In „Schwelbrände" wird in der letzten Version die Einschränkung des Rauchens auf den Aufenthaltsraum trotz Misserfolg nicht abgebrochen, sondern von einer andern Seite, nämlich mit Hilfe der Besucher von Frau Schweiger angegangen, bis er dann doch noch zum Erfolg führt.

Bei „Schluss mit dem Gejammer" werden in der letzten Variante verschiedene Maßnahmen ergriffen, die erst längerfristig mit viel Geduld und konsequentem Verhalten zu einer Verbesserung der Situation führen können, was allen Beteiligten bewusst gemacht wird. So verlieren die Betreuenden nicht die Geduld. Sie fahren mit den vereinbarten Maßnahmen weiter, bis sich dann ganz allmählich die Situation mit Frau Lehner entspannt.

Auch bei „Inkontinenz als Waffe" braucht es viel Zeit für die beschlossenen Maßnahmen sowie auch eine Entlastung der einzelnen Mitarbeiterinnen durch abwechselnde Betreuung bis schließlich ein Teilerfolg erreicht wird. Dies ist allen Beteiligten von Anfang an klar.

Ganz deutlich wird die Komplexität und Vielschichtigkeit von Bedingungen auch in der Erläuterung zu „Streit um eine Fernsehsendung". Wenn ein Verhalten auf den Schritten der geistigen Verarbeitung, der Suche nach Reaktionen, der Bewertung der Möglichkeiten und der

Auswahl von Handlungen beruht, lauert auf jeder Stufe die Gefahr von Fehlern. Führt eine Reaktion bei einer bestimmten Bewohnerin und bei einer spezifischen Situation nicht zum Erfolg, so können weitere Wege ausprobiert werden, bis Probleme verschwinden.

9. Die eigene Person als den besten Ansatzpunkt erkennen. Selbstverständlich können wir von anderen Personen erwarten, dass sie sich ändern und dadurch kritische Situationen entschärfen. Sehr oft kann es jedoch viel rascher zum Erfolg führen, wenn wir selbst, die wir die Problematik und die Ziele klar erkannt haben, unser eigenes Verhalten verändern. Das hat den zusätzlichen Vorteil, dass wir auch für andere Problemlagen etwas gelernt haben.

Diese Regel setzt eine Änderung der Ursachenwahrnehmung voraus. Bei ungünstigen Verläufen sehen wir tendenziell die anderen Menschen als Ursache; bei günstigen Ergebnissen neigen wir dazu, uns als verantwortlich wahrzunehmen. Wenn wir uns selbst als besten Ansatzpunkt erkennen wollen, müssen wir hingegen unseren Beitrag bei problematischen Ereignissen suchen. Falls wir eine bessere Lösung finden, haben wir immer noch die Chance, uns dann den günstigen Verlauf zuzuschreiben.

Beispiele aus unseren Geschichten

So könnte das Heimpersonal in mehreren Geschichten die Angehörigen der Bewohnerinnen und Bewohner als verantwortlich für eine Fehlentwicklung ansehen. Zu warten, bis diese Angehörigen ihr Verhalten ändern, würde aber sehr viel Zeit verstreichen lassen. Viel besser ist es, wenn das Personal die Lebensbedingungen im Heim so gestaltet, dass die Bewohnerinnen und Bewohner ohne Aggressionen leben können.

In „Schwelbrände" sieht Schwester Norma die traurige Vergangenheit von Frau Schweiger als Ursache für deren Jammern und ihre Schmerzen. Dass sie selbst durch ihre übermäßige Zuwendung bei Frau

Schweiger einen Lernprozess in Gang gesetzt hat, in dem die Abhängigkeit erhöht und stabilisiert wird, wird ihr erst später klar.

In „Die heimlichen Problemlöser" ortet das Personal die Ursachen der Unzufriedenheit von Herrn Thaler in dessen schwieriger Persönlichkeit. Dass die heimliche Medikation gegen den ausdrücklichen Willen Herrn Thalers aber die Ursache sein könnte, wird zunächst nicht gesehen. Ein offenes Gespräch der Pflegerinnen mit Herrn Thaler und gemeinsam gefundene Lösungen – also ein geändertes Verhalten der Pflegerinnen – führen dann schnell zu Verbesserungen.

10 In den Schuhen des anderen zu mehr Verständnis voranschreiten. Wenn wir aus unserer Sicht das Verhalten anderer Personen beurteilen, gehen wir von unseren Erfahrungen, Werten und Gewohnheiten aus. Wenn wir unseren Partnern vor diesem Hintergrund Empfehlungen zukommen lassen, wird es ihnen, die in ihrem Leben andere Erfahrungen, Werte und Gewohnheiten entwickelt haben mögen, sehr schwer fallen, uns zu verstehen, geschweige, unseren Empfehlungen zu folgen, genau so wenig wie der hungernde Fuchs, dem eine Ziege rät: „Friss doch von dem saftigen Gras!"

Viel erfolgreicher ist es, wenn wir aus der Perspektive der Anderen eine Problemlage betrachten und aus dieser Perspektive Lösungen suchen. Das erfordert natürlich Flexibilität und Einfühlungsvermögen.

Beispiele aus unseren Geschichten

So versetzte sich Herr Rohrmann in „Streit um eine Fernsehsendung" in die Lage der Herren Manser und Klein, wenn er ihnen vorschlägt, das Tennisspiel zu betrachten, bis eine Entscheidung gefallen war. Das interessierte ja seine beiden Kollegen. Danach werden sie eher bereit sein, das Gerät freizugeben.

Das Pflegepersonal von Herrn Kuhl in „Das schwarze Schaf" sieht nur die Fülle der Aggressionen Herrn Kuhls, die allen Pflegenden das Leben schwer machen. Erst als sie sich in einer Teambesprechung in seine

Lage versetzen, als sie erkennen, dass er eine Kette von Einschränkungen, Ärger, Missachtung und Demütigung hinter sich hat, verstehen sie seine Hinterhältigkeiten und Ungeschicklichkeiten besser. Aus diesem Verständnis wächst der Plan, Herrn Kuhl viel stärker als bisher in seine Pflege einzubeziehen.

 ## Das Ziel der Gewaltfreiheit

Gewalt tritt in unserer Gesellschaft, in Familien und in Heimen immer wieder auf, wenn jüngere Menschen mit Alten und wenn Alte mit Jüngeren zu tun haben. Das sollte nicht sein. Gewalt ist einer entwickelten Gesellschaft unwürdig. Eigentlich sollte ein Recht, ein Menschenrecht auf Gewaltfreiheit deklariert werden.

Es ist daher die Aufgabe von allen, Gewalt zu vermindern. Wer als Mitarbeiterin oder als Mitarbeiter in Alteneinrichtungen tätig ist, wird sich dort vor allem darum bemühen, selbst weniger personale und strukturelle Gewalt auszuüben bzw. zu stützen. Sie oder er wird Kolleginnen und Kollegen helfen, weniger gewalttätig zu handeln, indem sie oder er auf Überlegungen hinweist, was die Ursachen von Gewalt sein mögen und wie der Einfluss dieser Ursachen verringert werden kann. Ebenso haben die Verantwortlichen für Alterseinrichtungen und die Politikerinnen die Pflicht, für Voraussetzungen und Bedingungen zu sorgen, die eine gewaltfreiere Betreuung der alten Bewohnerinnen erleichtern.

Dazu können die Geschichten und die kurzen Skizzen mit Erklärungen von Gewalthandlungen helfen. Das ist die Hoffnung der Arbeitsgruppe „Gewalt und Alter". Immer wenn die Leserin/der Leser im Alltag der Heimtätigkeit auf Situationen stößt, die in den Geschichten angesprochen sind, sollte sie oder er erkennen, dass eine kritische Lage vorliegt. Vielleicht können die beschriebenen Lösungswege dazu beitragen, dass auch die kritischen Situationen zuerst kurzfristig, dann langfristig entschärft werden. Die Skizzen von Gewalttheorien machen auf die Komplexität der Ursachen gewalttätigen Handelns aufmerksam. Vielleicht tragen sie neben den Geschichten dazu bei, dass wir die Bedingungen der Gewalt besser verstehen und dann angemessener darauf reagieren können.

Wir sollten aber Gewalt auch in anderen Feldern – in der Familie innerhalb und zwischen den Generationen, in der Wirtschaft, im Verkehr, im Sport, in der Innen- und Außenpolitik und wo auch immer sonst – vermindern, weil dadurch Leid vermindert wird. Die Beziehungsmuster der Geschichten lassen sich auch in völlig anderen Umfeldern auffinden. Wer sie erkennt und sich zusätzlich von den theoretischen Überlegungen leiten lässt, wird angemessener handeln.

Wenn immer mehr Personen das Ziel der Gewaltfreiheit als erreichbar erkennen, und wenn immer mehr Personen dieses Ziel in ihrem Leben anstreben, dann nähern wir uns dem gesellschaftlichen Entwicklungsstand, in dem das Menschenrecht auf Gewaltfreiheit beachtet wird.

Literatur

ARCHER, J. (1994) Introduction. In: ARCHER, J. (Ed.) Male violence. London: Routledge, 1 – 20

BANDURA, A. (1973) Aggression. A social learning analysis. Englewood Cliffs, N.J.: Prentice-Hall

BARON, R.A., RICHARDSON, D.R. (1994²) Human aggression. New York: Plenum Press

BERKOWITZ, L. (1969) The frustration-aggression hypothesis revisited. In: BERKOWITZ, L. (Ed.) Roots of aggression. New York: Atherton

COSTA, J.J. (1985) Abuse of the elderly. Lexington: Lexington Press

DECALMER, P., GLENDENNING, F. (1993) The mistreatment of elderly people. London: Sage

DIECK, M. (1987) Gewalt gegen ältere Menschen im familialen Kontext – ein Thema der Forschung, der Praxis und der öffentlichen Information. Zeitschrift für Gerontologie 20, 305 – 313

DIESSENBACHER, H. (1988) Gewalt gegen Alte. In: GÖCKENJAN, G., KONDRATOWITZ, H.-J. (Hrsg.) Alter und Alltag. Frankfurt: Suhrkamp, 372 – 385

DOLLARD, J., MILLER, N.E. et al. (1975) Frustration und Aggression. Weinheim: Beltz

EASTMAN, M. (1985) Gewalt gegen alte Menschen. Freiburg: Lambertus

FELSON, R.B. (1981) An interactionist approach to aggression. In: TEDESCHI, J.T. (Ed.) Impression management. New York: Academic Press 181 – 200

FREUD, S. (1962) Abriss der Psychoanalyse. Frankfurt: Fischer

GALTUNG, J. (1975) Strukturelle Gewalt. Reinbek: Rowohlt

GELLES, R. (1987) Family violence. Newbury Park: Sage

GELLES, R., STRAUS, M.A. (1979) determinants of violence in the family. In BURR, W. et al. (Eds.) Contemporary theories about the family. New York: Free Press, 549 – 581

GEEN, R.G. (1990) Human aggression. Milton Keynes: Open University Press

GIL, D.G. (1978) Societal violence and violence in families. In: EKKELAAR, J.M., KATZ, S.N. (Eds.) Family violence. Toronto: Butterworths, 14 – 33

GRÄSEL, C. (1997) Problemorientiertes Lernen – Strategieanwendung und Gestaltungsmöglichkeiten. Göttingen: Hogrefe

GROND, E. (1989) Schimpfen, Schlagen, Beissen, Fusstritte und auch sexuelle Nötigung. Altenpflege 14, 511 – 512

KING, N.R. (1985) Exploitation and abuse of older family members. In: COSTA, J.J. (Ed.) Abuse of the elderly. Lexington: Lexington Press, 3 – 12

KLIE, T. (1994) Rechtlicher Schutz vor und bei Gewalt. In: BROCK, T. (Hrsg.) Gewalt – Folgerungen für die soziale Arbeit. Frankfurt: Verein für öffentliche und private Fürsorge, 236 – 250

KOSBERG, J.I. (Ed.) (1983) Abuse and maltreatment of the elderly. Boston: John Wright

NIEDERFRANKE, A., GREVE, W. (1996) Bedrohung durch Gewalt im Alter – Argumente für eine sozialwissenschaftliche Perspektive. Zeitschrift für Gerontologie und Geriatrie 29, 169 – 175

LORENZ, K. (1966) Das sogenannte Böse. Wien: Borotha-Schoeler

REYNOLDS, E., STANTON, S. (1983) Elderly abuse in a hospital: A nursing perspective. In: KOSBERG, J.I. (Ed.) Abuse and maltreatment of the elderly. Boston: John Wright, 391 – 403

SCHNEIDER, H.-D., SIGG, E. (1990) Gibt es das: Gewalttätigkeit in Alters- und Pflegeheimen? Bericht1/1990 der Forschungsgruppe Gerontologie am Psychologischen Institut der Universität Freiburg/CH

SCHNEIDER, H.-D. (1994) Gewalt gegen alte Menschen als Prozess. In: BROCK, T. (Hrsg.) Gewalt – Folgerungen für die soziale Arbeit. Frankfurt: Verein für öffentliche und private Fürsorge, 203 – 228

SELG, H., MEES, U., BERG, D. (19972) Psychologie der Aggressivität. Göttingen: Hogrefe

SKINNER, B.F. (1953) Science and human behavior. New York: Macmillan

ZILLMANN, D. (1979) Hostility and aggression. Hillsdale, N.J.: Erlbaum